Helmut Müller

RADIESTHÉSIE
CODE

Les fabuleux pouvoirs du pendule

ÉDITIONS DE VECCHI S.A.
52, rue Montmartre
75002 Paris

Traduction : Michèle Sauvalle
Conception graphique de la couverture : © Bed and Breakfast

Introduction

Jamais la nature ne se pliera aux exigences de la science. C'est au contraire la science qui s'inclinera devant la nature. C'est la loi ; c'est l'ordre des choses. Rien ne sert de s'impatienter, car tout vient en son temps. L'expérience répétée – note l'éminent radiesthésiste et ingénieur belge Victor Mertens – précède toujours l'élaboration des théories. Les hypothèses naissent de l'expérience et les théories en découlent.

On fait encore couramment l'amalgame entre radiésthésie, téléradiesthésie, psychoradiesthésie et tous les phénomènes connexes dont le nom générique se termine par « thésie », avec la magie, la magie noire, celle « ...des temps anciens pour qui beaucoup périrent sur le bûcher... »

On sait qu'il n'est pas de bon sportif, musicien, philosophe ou mathématicien sans un apprentissage long et acharné. Les radiesthésistes n'échappent pas à cette règle, à cette loi de la nature. Parallèlement aux radiesthésistes éminents et sincères, il existe ce qu'on appelle les fossoyeurs de la radiesthésie, des hommes sans scrupule qui, après quelques semaines passées à singer le maniement de la baguette ou du pendule, prétendent nous donner des leçons. Or, la pratique de la radiesthésie exige du temps et une préparation sérieuse. Il est indispensable de passer par une adaptation toujours tributaire du temps. En vérité, il n'est pas nécessaire de posséder un sixième sens. On ne naît pas radiesthésiste, le don de radiestésique peut jouer dans une certaine mesure, mais il ne se suffit pas à lui-même. L'apprentissage est nécessaire.

Le but de cet ouvrage est triple : enseigner, convaincre et attirer l'attention des scientifiques sur cette discipline. Les services que rendent la radiesthésie et la téléradiesthésie à l'humanité sont manifestes, et il faudrait que nos écoles supérieures s'y intéressent.

Après la Seconde Guerre mondiale, médecins, professeurs, ingénieurs, ecclésiastiques, géologues, agriculteurs..., ont commencé à confronter leurs connaissances et leurs méthodes, contribuant ainsi à diffuser la radiesthésie. La baguette et le pendule sont passés, peu à peu, des mains du sourcier à celles du scientifique. Rappelons à ce propos que la radiesthésie fait officiellement partie du cursus de recherche scientifique universitaire en Union Soviétique. Les instituts les plus importants de Moscou et de Léningrad utilisent des matériels scientifiques de géologie et de géophysique. Dernièrement, on a effectué de nombreuses expériences qui prouvent que l'homme est effectivement capable de détecter des objets perdus, trésors occultes, eaux souterraines, personnes disparues... à l'aide du pendule ou de la baguette en forme de « Y ».

Nous sommes convaincus qu'une étude objective de cet art – certains l'appellent science –, effectuée dans les conditions indispensables à sa réussite et par des scientifiques compétents, physiciens et biologistes réunis, établirait rapidement les *lois* fondamentales pour l'étudier avec rigueur.

Qu'est-ce que la radiesthésie ?

Depuis quelques années, comme pour suivre une mode, beaucoup de gens parcourent la campagne, la baguette ou le pendule à la main, à la recherche de sources hypothétiques, de puits de pétrole ou de joyaux perdus. Ils prédisent l'avenir, localisent des personnes disparues, font des présages apocalyptiques, le tout, avec une grande insouciance, au nom de la radiesthésie. Or, en la matière, il convient de commencer par le début et de procéder avec modestie et prudence. Il est indéniable que la radiesthésie offre des merveilles et un vaste champ d'exploration, mais les réussites radiesthésiques ne s'obtiennent qu'au prix d'un travail intense.

Généralement, on définit la radiesthésie comme la science de la perception de radiations émises par la nature grâce à l'utilisation de supports physiques (baguette ou pendule) ou des voies de communication humaines paranormales.

Le terme de radiesthésie (du latin, *radius*, rayon et du grec, *aisthesis*, sensation) a été lancé en 1919 par l'abbé Bayard, professeur à l'Université catholique de Lille, et par l'abbé Bouly, célèbre sourcier, de la paroisse d'Hardelot. Une dizaine d'années plus tard, Émile Christophe y accolait le préfixe « télé », la « téléradiesthésie » étant la radiesthésie à distance. Auparavant, on utilisait le mot rhabdomancie qui, étymologiquement, signifie « divination par la baguette ».

Après bien des contestations et d'interminables discussions, le terme finit par s'imposer aux sceptiques, en France et dans le monde entier. Il a été très bien accepté par de nombreux scientifiques, à telle enseigne que le docteur Alexis Carrel, prix Nobel de médecine, écrit : « La science s'est toujours vue dans l'obligation de reconnaître la vérité. Mais avant d'y parvenir, elle a toujours su inventer les mots de la censure, ceux qui tuent. La radiesthésie n'échappe pas à cette règle, mais on sait que tout passe... tout, sauf la vérité, la justice. Et c'est avec optimisme qu'on regarde l'avenir, car elle saura prendre sa revanche. »

Histoire de la radiesthésie

Nos ancêtres de la préhistoire furent probablement les premiers à pratiquer cet art étrange, cette science reconnue aujourd'hui, et appelée depuis plus de soixante ans radiesthésie.

Sur les parois de certaines grottes préhistoriques, on a trouvé des silhouettes humaines gravées dans la pierre qui, selon les spécialistes, représentent des sorciers. L'un de ces personnages, à tête de bison, brandit un objet de forme allongée.

La divination remonte aux temps les plus anciens. Les Chinois la pratiquent depuis des milliers d'années et sont passés maîtres dans la découverte de sources, trésors et gisements minéraux. Ils utilisent pour cela une étrange baguette fourchue. À ce sujet, l'empereur King Yu (2200 av. J.-C.) de la dynastie des Hia, acquit la réputation d'être l'un des plus fameux devins de l'antiquité. Les Égyptiens devaient aussi connaître cet art. En effet, les fouilles faites dans les tombes de la Vallée des Rois ont mis à jour des baguettes, des boules de bois suspendues en l'air et des instruments très semblables aux pendules. Il n'est pas surprenant de voir naître sur cette terre mystérieuse d'Égypte l'ébauche de la radiesthésie. Selon toute vraisemblance, elle était l'apanage des seuls prêtres, son enseignement, de caractère sacré, devant rester secret.

La Bible et les écritures saintes contiennent de nombreuses références à la baguette, ou au bâton, qui, sous forme de sceptre, « est l'attribut indispensable de tous les rois... ». Toutefois, il n'est pas prouvé que ce symbole de puissance ait été réellement lié à la magie. Au IVe siècle av. J.-C., le prophète Oseas fut scandalisé de certains moyens divinatoires utilisés par les Juifs. Au chapitre IV, verset 12 de son livre, il est dit : « Mon peuple interroge des souches de bois, et leurs bâtons leur font des révélations. » Au VIe siècle av. J.-C., le prophète Ézéchiel rapporta dans l'Ancien Testament (XXI) que « le roi de Babylone avait recours à la divination en lançant des flèches et en interrogeant les séraphins. »

Moïse, selon saint Paul, fut un grand magicien. « Il était instruit dans toutes les sciences et les secrets des Égyptiens. Cela lui permit, entre autres prodiges, de faire jaillir l'eau en plein désert du Sinaï. Il lui suffit pour cela de frapper la roche de son bâton de bois d'amandier », véritable acte de sourcier.

Dans la mythologie grecque, Athéna se servit d'une baguette pour rajeunir Odeyssus-Ulysse ou le faire vieillir. Hermès brandissait son caducée chaque fois qu'il voulait envoyer une âme en enfer ou déchaîner les éléments. De même, Circée et Médée ne pouvaient se passer de la baguette dans leur pratique de la magie.

Pour les Romains, la baguette, appelée *lituus*, en forme de houlette, constituait l'instrument principal de divination, mais on l'utilisait également à des fins profanes. Rappelons que dans *De divinatione*, Cicéron faisait allusion à un proverbe sur « les chercheurs de trésors s'aidant de la baguette ».

Le *lituus*, utilisé à des fins divinatoires, servait aussi à délimiter les influences du Bien et du Mal. On raconte que lorsque Romulus fonda la ville de Rome, « un augure étrusque prit position en haut d'une colline et, empoignant une baguette, désigna la zone où les influences seraient les plus propices à l'implantation de la ville. » Rien d'étonnant à cela, car les Étrusques avaient une grande connaissance des influences telluriques et cosmiques. Pour accélérer la croissance végétale ou pour dévier le rayon, ils avaient coutume de planter des baguettes dans le sol.

Une autre utilisation du *lituus*, exposée par Moine, se rapprochait davantage de la radiesthésie : « Lorsque les légions romaines envahirent la Gaule et la Germanie, elles étaient précédées de porteurs de baguette dont la mission était de découvrir les eaux souterraines nécessaires à la consommation des troupes. Ils découvrirent ainsi, probablement par hasard, un certain nombre de sources thermales. »

Notons que les prêtres de la Rome impériale préféraient le pendule à la baguette pour leurs divinations. Bien des fois, elles se confirmaient, mais des milliers de malheureux payèrent leurs erreurs de leur vie. On rapporte qu'au IVe siècle, il y eut une conspiration contre l'empereur Flavio Valente. Celui-ci chargea les prêtres de rechercher les instigateurs du complot. Les prêtres attachèrent un anneau au bout d'un fil et le suspendirent au-dessus d'un alphabet. L'anneau se mit à osciller et s'arrêta sur différentes lettres qui formèrent le commencement d'un nom : Teo. L'empereur décida que tous les malheureux dont le nom commençait par Teo seraient condamnés à mort, mais cela n'empêcha pas le destin de se réaliser, car le successeur de l'empereur Valente s'appelait Teodosio.

Vers l'an 370 de notre ère, l'écrivain romain Ammanius Marcellinus indiquait une méthode de prophétie exercée à l'aide du pendule.

Sorciers et sourciers

Au Moyen Âge, la radiesthésie se voit rangée parmi les pratiques de sorcellerie. De fait, comment ne pas attribuer aux sorciers et aux démons des effets dont le mécanisme ne pouvait être expliqué ? Un manuscrit du XIe siècle mentionne la baguette et le pendule comme étant des instruments couramment employés en sorcellerie.

En 1518, Luther condamna solennellement l'usage de la baguette, car il soupçonnait celle-ci de servir d'intermédiaire dans un commerce illicite entre l'homme et le diable.

L'inquisition poursuivit les sorciers avec la plus grande sévérité. Le fait est qu'à l'époque, nombreux étaient ceux qui utilisaient les indications de la baguette à des fins divinatoires.

En l'an 1521, le moine bénédictin Basilio Valentin rédigea un ouvrage dans lequel il énumère sept types de baguette que les mineurs autrichiens utilisaient couramment pour découvrir des filons de minéraux ou de charbon.

Au XVIIe siècle, Jacques Aymar, armé de sa baguette, retrouva la trace de trois criminels entre Lyon et Avignon, exploit qui lui valut ses titres de noblesse décernés, en remerciement, par les autorités.

Les succès radiesthésiques des célèbres époux Beausoleil et, surtout, ceux de Christophe von Schenberg, directeur des mines de Saxe, attirèrent l'intérêt des savants ainsi que l'adhésion d'un grand nombre de personnes en faveur de l'art du sourcier.

À la fin du XVIIIe siècle, inspiré des travaux de Gray et Wheler, Antoine Gerboin, professeur à la faculté de médecine de Strasbourg, préféra la pendule à la baguette pour des raisons pratiques. Aujourd'hui, c'est l'instrument de prédilection des radiesthésistes.

Au XIXe siècle, la rhabdomancie se rapprocha de la forme moderne de la radiesthésie. Grâce aux travaux de nombreux chercheurs, le chimiste Chevreul, le conte Tristan, le baron Morogues, Louis Probst, l'abbé Carrié, le sourcier Grisez, l'antique art de la baguette obtint droit de cité.

L'abbé Mermet, un des pionniers de la radiesthésie moderne, reprenant les méthodes de ses prédécesseurs, l'abbé Maramelle, le frère Théodoras et l'abbé Racineux, découvrit divers sites archéologiques. En cela, il agissait pour le compte du Pape. On dit aussi qu'il retrouva la trace des derniers survivants d'une expédition au pôle Nord. Grâce à son pendule, il retrouvait les corps de personnes disparues.

Au XXe siècle, rapporte le professeur .Moine, la radiesthésie laissa là l'étude du sous-sol et commença d'aborder, à l'indignation de certains, les sujets les plus divers. Immédiatement, on créa des associations de radiesthésie, on fonda des revues, on édita un grand nombre d'œuvres et on réunit de nombreux congrès nationaux et internationaux.

Les Allemands s'enthousiasmèrent les premiers avec von Bulow, von Uslar..., mais ils furent vite rattrapés, puis dépassés par les radiesthésistes français, suisses et belges.

En mai 1919, l'abbé Mermet, en accord avec l'abbé Racineux, surnommé le prince des magiciens, firent des démonstrations surprenantes de prospection à distance. Ils furent rapidement imités par un grand nombre d'adeptes. À partir de ce moment là, la radiesthésie se lança à la conquête du grand public et atteint la renommée grâce à des radiesthésistes comme l'abbé Bouly (1865-1958), surnommé « le père de la radiesthésie », Henry de France (1872-1947), surnommé « l'aristocrate de la radiesthésie », Joseph Treive (1877-1946), spécialisé dans la prospection à distance, l'ingénieur belge Victor Mertens, l'un des plus éminents radiesthésistes modernes.

Les fondements de la radiesthésie

À la fin de la Seconde guerre mondiale, de nombreux radiesthésistes contribuèrent à retrouver du matériel de guerre caché ou enfoui dans le sol. Bien qu'ils aient prouvé à plusieurs reprises l'efficacité de leur science, la radiesthésie n'est toujours pas considérée, dans certains pays d'Europe et d'Amérique, comme une profession à part entière, mais seulement comme un phénomène paranormal.

Aujourd'hui, nombreux sont ceux qui, en deux jours, se prétendent radiesthésistes. Ils ignorent que cette science, comme les autres, exige l'étude, la pratique et la sagesse. Monsieur Soriano, président de l'association de radiesthésie d'Espagne disait récemment : « La radiesthésie n'a rien d'extraordinaire, elle n'a rien à voir avec le surnaturel. Tout le monde peut devenir radiesthésiste, à condition d'avoir un système sensoriel très développé, ce à quoi l'on parvient à force d'entraînement. Tous les objets émettent des ondes distinctes que l'on capte à l'aide du pendule. »

Rappelons également que les réfractaires et les détracteurs ignorent tout de cette science qu'ils n'ont jamais tenté de pratiquer eux-mêmes. Il s'ensuit que leur jugement n'est que partial. Nombreux sont ceux qui affirment que les « ondes » ou « radiations », perçues par les radiesthésistes, n'existent pas.

La radiesthésie, comme toutes les disciplines, a ses charlatans, ses illuminés et ses exploiteurs. Elle a aussi ses chercheurs sincères et compétents. Pour sa part, le Dr S. Stromps, géologue néerlandais chargé par l'Unesco d'une recherche sur la radiesthésie, a déclaré que les réactions physiques provoquées chez l'homme par la présence d'eau ou de minéraux dans le sous-sol sont clairement discernables sur un électrocardiogramme. Il se passe donc quelque chose entre le radiesthésiste et l'élément recherché. Mais quoi ?

La radiesthésie classique est fondée sur le principe selon lequel tout corps émet des radiations, lesquelles échappent aux observations des savants (à l'exception des radiations des corps radioactifs), mais sont captées par les radiesthésistes. Il semble que nous soyons tous immergés dans ces ondes. Cela provient du fait que tous les corps sont en état de désintégration perpétuelle. Ce travail moléculaire, selon le professeur Stéphane Dorey, engendre des champs de force que les radiesthésistes savent détecter. Toutefois, ces « rayons fondamentaux », comme les appellent les professionnels, sont toujours identiques pour un même objet. Chaque corps détecté doit envoyer au radiesthésiste une série de caractéristiques précises.

À force d'expérimentation, le radiesthésiste ou le sourcier saura, au mouvement de sa baguette ou de son pendule, qu'il s'agit de tel ou tel corps. Il faut aussi savoir que les différents mouvements de l'instrument radiesthésique sont propres à chaque individu. En effet, les réflexes musculaires faisant bouger la baguette ou le pendule ne sont pas les mêmes d'une personne à l'autre. Chaque radiesthésiste agit selon son propre « code » de mouvements. Ce code mental, élaboré au cours de lectures et d'expériences nombreuses, provoque inconsciemment les oscillations de l'instrument (la main restant immobile). Certains radiesthésistes l'appellent « rayon capital ». Les hypothèses sont nombreuses dans ce domaine, mais dans l'état actuel de nos connaissances, aucune tentative d'explication n'a de réel fondement scientifique.

Aujourd'hui deux grandes théories s'opposent : celle des partisans de la *radiesthésie physique*, dans laquelle la pensée n'a aucune action, et celle des adeptes de la *radiesthésie mentale*, basée sur l'instinct que les rationalistes les plus intransigeants ne peuvent rejeter. En résumé, il existe parallèlement deux modes de pratiquer la radiesthésie : l'un est sensoriel et défend la capacité de capter certaines ondes et radiations. Il utilise le système neuromusculaire comme récepteur. L'autre, plus répandu, est mental. Il fait appel à notre volonté et à certaines facultés de notre esprit. Ces processus sont tous deux inconscients.

Il en ressort que chaque personne capable de concentrer sa pensée peut pratiquer avec succès la radiesthésie après un entraînement simple et rationnel.

La radiesthésie sensorielle

Ce mode constitue sans doute la première étape dans la formation d'un radiesthésiste, car elle offre satisfaction et sécurité. Ensuite, avec le temps, on peut passer à la téléradiesthésie, et de celle-ci, à la radiesthésie mentale. Généralement, on admet que la radiesthésie sensorielle capte les ondes et les radiations.

En physique moderne, on entend par onde un ensemble de points qui, dans un milieu agité, ont un mouvement cohérent, et par radiation, un ensemble d'agitations qui communique au milieu ambiant certains phénomènes.

Une onde est produite par la réalisation simultanée de deux conditions : un déchaînement et un ensemble de points en mouvement concordant. Le mouvement concordant est généralement d'origine rythmique, une étincelle électrique, un courant alternatif ou une vibration.

Une radiation provient d'une agitation communiquée à un ensemble par certains phénomènes, telle la désintégration de la matière.

Dans la nature, tout vibre et rien n'est continu. L'univers est un enchevêtrement de vibrations de longueurs variables. L'étude du spectre solaire vous donnera une idée parfaite de ce que la radiesthésie sensorielle croit capter. On a montré qu'il existe certains phénomènes qui peuvent, dans le cas de sujets hypersensibles, accompagner avantageusement le maniement de la baguette et du pendule. Ces aptitudes, pareilles à celles de la radiesthésie, se développent grâce à la pratique, car ce sont des facultés latentes.

Pour certains experts, ce qui différencie les phénomènes radiesthésiques et téléradiesthésiques de certains phénomènes mentaux réside dans le fait que les premiers se produisent à la demande, tandis que les seconds sont, en général, accidentels et spontanés.

Tout être humain peut être comparé à un transformateur d'ondes ou de vibrations. Certains grands radiesthésistes prétendent que, dans l'exercice de leur art – de leur science – ils font appel à un sixième sens, et même un septième sens de sourcier, atrophié par manque de pratique. Les cinq sens – vue, ouïe, odorat, goût et toucher –, que l'on attribue d'ordinaire à l'homme, pourraient se résumer à un seul, celui du toucher. Il en est effectivement ainsi. Une onde, quelle qu'en soit la nature, est capable, par sa longueur, d'influer sur le corps de l'homme, de le toucher en un point quelconque de son enveloppe charnelle.

Certains de ces points sont particulièrement réceptifs et donc sensibles à cette onde déterminée. Lorsqu'elle les touche (sens du toucher), ils entrent en résonance et traduisent (transforment) l'onde en un signal corporel. Les nerfs la conduisent et le cerveau (psychisme) l'interprète. Il convient de dire que les sentiments humains qui servent uniquement pour mettre notre moi en relation avec le monde matériel, le monde qui nous entoure, sont subordonnés à une disposition psychique, à notre intention de percevoir ceci ou cela, et donc à la sélection mentale du sujet. Aussi y a-t-il de nombreuses personnes persuadées que le secret des phénomènes radiesthésiques réside davantage dans le mental de l'opérateur que dans des agents physiques externes.

Quel est l'instrument indispensable à la radiesthésie ? Le professeur Moine répond : « ...le radiesthésiste lui-même. Ses facultés conscientes et inconscientes, son système nerveux, son organisme entier. » Il ajoute que la radiesthésie est « l'art d'utiliser le pendule » en faisant intervenir l'activité consciente et inconsciente pour amener à la lumière tout ce qui est occulte aux facultés normales de l'individu, mais dont l'existence est réelle.

Comment pratiquer la radiesthésie ?

Avant de commencer, rappelons qu'au-delà des rayons rouges que nous envoie le soleil, il existe des vibrations invisibles dont la longueur d'onde est supérieure. Ce sont les infrarouges. De même, en deçà du violet, existent des ondes électromagnétiques plus courtes, les ultraviolets, projetés par le sol. Mais laissons ici ce sujet.

Tout néophyte, à l'occasion de ses premiers essais, se pose les questions suivantes : « Puis-je devenir radiesthésiste ? En ai-je les capacités ? Comment y parvenir ? » Sachez que l'art du sourcier et de la radiesthésie ne sont en aucune façon l'apanage de quelques privilégiés. Si l'on se réfère à V. Mertens, les sourciers d'antan étaient, le plus souvent, des paysans ignorants, avares de leurs connaissances. Ils se transmettaient leurs secrets de père en fils, sans jamais douter de la capacité de leur progéniture à reprendre le flambeau. Ce n'est que très récemment que des personnes plus instruites ont fait des recherches dans ce domaine, donnant naissance à la radiesthésie proprement dite. Les méthodes sont empiriques et évoluent rapidement. Elles dérivent, pour la plupart, des méthodes utilisées par les pionniers de la radiesthésie : l'abbé Bouly inventa la méthode dite du « plan solaire », l'abbé Mermet inventa la méthode des témoins comprenant douze éléments constitutifs.

On peut utiliser les deux méthodes conjointement. Disons que la quasi-totalité des méthodes radiesthésiques dites « physiques » s'inspirent des techniques mises au point par les deux abbés, avec presque autant de variantes que d'opérateurs. En principe, si l'on veut connaître son degré de sensibilité, on doit faire appel à un radiesthésiste confirmé et se défier des incompétents qui sont légion.

La zone radiesthésique de chacun s'évalue à la longueur du médius. Plus il est long, meilleure est l'aptitude. La moyenne est de vingt centimètres, mais quinze centimètres suffisent. Il existe diverses méthodes d'évaluation, mais un bon radiesthésiste se rend immédiatement compte du degré d'aptitude d'une personne en approchant son pendule des mains du débutant.

Le meilleur moyen d'évaluer ses propres aptitudes est simplement celui de s'exercer patiemment, sans se décourager, même si, au début, on ne parvient pas au résultat escompté. Certaines personnes sont plus aptes au maniement de la baguette, d'autres à celui du pendule. Vos capacités peuvent aussi varier d'un jour à l'autre, suivant l'état pathologique, la fatigue et d'autres facteurs.

Par ailleurs, il faut éviter l'autosuggestion et les idées préconçues. Mertens fait les recommandations suivantes :

- poser les pieds bien à plat sur le sol ;
- ne croiser ni les jambes ni les bras, afin de ne pas mêler les polarités des côtés gauche et droit, car cela diminue considérablement la sensibilité du radiesthésiste ;
- ne pas porter de vêtements trop serrés, se sentir à l'aise pour travailler ;
- opérer en pleine lumière, car l'obscurité engourdit les sens ;
- enlever bracelets et bagues et toute autre masse métallique importante ;
- tenir les instruments, baguette ou pendule, sans crispation, en souplesse ;
- travailler avec calme et sans précipitation, ne pas s'énerver ;
- sur le terrain, éviter de travailler dans la pluie ou le vent ;
- ne pas travailler après un repas copieux ;
- occasionnellement désimprégner les instruments ;
- se reposer de temps en temps ;
- ne pas travailler en état de fatigue, sous l'emprise d'une émotion ou après une course ;
- enfin, éviter les curieux, et surtout, les sceptiques, leur présence étant préjudiciable.

Les instruments du radiesthésiste

La baguette et le pendule ont toujours été les instruments essentiels du rhabdomancien, du sourcier et, finalement, du radiesthésiste. Jadis, pour chercher l'eau, le sourcier coupait une branche de coudrier en forme de fourche (Y) suffisamment flexible pour ne pas rompre. Elle devait faire trente à quarante centimètres de long, avec un diamètre de trois à cinq millimètres. Les mains tenant la baguette avec les paumes dirigées vers le ciel, les bras écartés, les coudes près du corps, le sourcier observait une position stable.

La baguette de coudrier ou d'autres essences d'arbres donne de bons résultats dans la prospection de l'eau et l'exploration minière. Cependant, elle a l'inconvénient d'être peu solide, se cassant entre les mains du sourcier du fait de la saute brusque de la baguette.

Actuellement, on préfère la baguette en fanon de baleine qui se polarise automatiquement après quelques utilisations. En effet, la baguette d'un radiesthésiste acquiert une sensibilité particulière. Bien que la polarité varie d'un individu à l'autre, l'homme est généralement positif à droite tandis que la femme l'est à gauche. Seul un radiesthésiste confirmé pourra vous dire de quelle polarité vous êtes.

Comment utiliser la baguette ?

Le marché regorge de baguettes dites spéciales, mais, en général, il faut se méfier de ce genre d'instruments.

Il existe des baguettes de diverses essences de bois, de couleurs et de formes variées. Il existe aussi des baguettes métalliques, en argent, cuivre, fer et même en alliage, destinées à la prospection minière, mais les meilleures sont certainement les plus simples. Notez que l'utilisation d'un témoin à la place d'une baguette métallique conduit au même résultat. Aujourd'hui, on trouve des baguettes souples en plastique ou en métal, mais on utilise toujours la baguette de coudrier.

La baguette est un excellent instrument d'exploration sur le terrain pour la prospection d'eau, de charbon, de minéraux, etc. Elle peut aussi servir en laboratoire, mais le pendule est recommandé de préférence pour des opérations qui exigent de la précision. Il est certain que les deux instruments se complètent et qu'il vaut mieux s'habituer aux deux.

Reconnaissons pourtant que les adeptes du pendule sont plus nombreux que ceux de la baguette car celle-ci est plus difficile à manier. Elle est moins précise, sauf peut-être pour les recherches en extérieur. L'avantage du pendule réside dans le fait de pouvoir tenir un témoin dans sa main libre.

Il y a deux manières également bonnes de tenir la baguette, à condition que les mains soient toujours tournées vers le haut :

- à pleine main, les doigts tournés vers le haut, repliés sur la baguette dont les extrémités sortent entre le pouce et l'index ;
- plus légèrement, les doigts tournés vers le haut, les pouces placés aux extrémités de la baguette, celle-ci reposant entre l'index et le médius.

La première manière est recommandée pour les grandes baguettes et aussi par mauvais temps, lorsqu'il y a du vent, par exemple.

QUELQUES CONSEILS PRATIQUES

Pour utiliser la baguette, vous devrez tenir compte d'un certain nombre de facteurs.

- Il n'est pas nécessaire de tenir la baguette serrée entre ses doigts : mieux vaut la maintenir en position instable, afin qu'elle se mette en mouvement à la moindre sollicitation.
- Les extrémités de la baguette peuvent dépasser des mains de quelques centimètres.
- Ne pas se crisper ni s'énerver. Écarter les deux branches de la baguette très légèrement, afin qu'elles fassent un angle d'environ 45°.
- En cas d'absence de réaction, il conviendra de régler l'ouverture de l'angle jusqu'à ce que l'on trouve la position optimale.
- Il faut tenir la baguette pointant légèrement vers le haut, la pointe à la hauteur du plexus solaire.
- La baguette sera attirée vers le haut ou le bas lorsque l'on passera au-dessus d'un champ d'action radiesthésique. Prenez soin de toujours maintenir les coudes aux hanches.
- La direction que prendra la baguette dépendra de la polarité de l'opérateur et de celle du genre de zone rencontré.
- Il faut opérer avec souplesse. La baguette est légère et la force qui la fait sauter est infinitésimale, quasi imperceptible.
- Mettez-vous en état de réceptivité, c'est le secret de la radiesthésie. Le cardinal Mercier recommandait de « penser à ce que l'on fait sans forcer les faits. Si vous cherchez de l'eau, dites-vous "y-a-t'il de l'eau ici ?", mais jamais, "Il y a de l'eau ici"... Vous n'en savez rien. Soyez à ce que vous faites... "Je cherche de l'eau" et non pas "Ce soir, je vais au théâtre", par exemple.
- Ne vous souciez pas de la baguette autrement que pour la maintenir correctement. Lorsqu'elle se mettra en mouvement, il sera temps de se demander : « Pourquoi se met-elle en mouvement dans ce sens et pas dans l'autre ? » Ensuite, vous pourrez interpréter les mouvements.

La majorité des radiesthésistes fabriquent eux-mêmes leur baguette. Certains leur donnent des formes étonnantes en tire-bouchon, en tortillon. M. Framery fit la sienne en forme d'antennes d'insecte, le frère Padey assembla en un même instrument la baguette et le pendule.

Le pendule

C'est sans doute l'instrument le plus utile et le plus exact des deux. Selon Mertens, toute masse suspendue au bout d'un fil ou d'une chaîne constitue un pendule. On peut définir le pendule comme étant un corps de métal, de bois, de verre ou de cristal, isolant ou non, soumis à la gravité et mobile autour d'un point fixe.

En 1789, le professeur Antoine Gerboin réalisa une expérience à l'aide de cylindres et de sphères suspendus au bout d'une ficelle. En 1803, Albert Fortis adopta cette méthode et utilisa, en guise de pendule, un cube de pyrite de soufre ou de fer pendu à un fil. Peu après, le chimiste Chevreul employa un anneau de fer pour ses expériences. En 1860, l'abbé Descosse, sourcier, réhabilita définitivement le pendule grâce auquel il obtint de brillants succès. Au début de sa carrière, l'abbé Mermet utilisait sa montre comme pendule. Par la suite, il créa un modèle en forme de poire se dévissant et pouvant contenir le témoin de l'objet recherché. Depuis vingt-cinq ans, les radiesthésistes ont l'habitude de créer le type de pendule leur convenant.

Il existe actuellement plus de quatre mille modèles de pendules. Cependant, comme pour la baguette, les pendules les plus simples sont souvent les meilleurs.

Ce qui importe le plus est son poids qui doit être calibré par rapport au tempérament de l'opérateur. Un radiesthésiste expérimenté peut se servir d'un pendule de 35 grammes suspendu à une chaîne d'environ 10 centimètres. Le débutant, lui, doit commencer avec un pendule de 80 grammes, et réduire le poids à mesure que grandit son expérience.

Les pendules de bois noir sont excellents et de nombreux modèles vendus dans le commerce offrent de bons résultats. Il faut éviter les pendules de couleur. La plupart des radiesthésistes n'accordent aucune importance à la couleur du pendule, mais certains, comme Henry Mager, attribuent une grande valeur aux couleurs. Ils disent qu'elles agissent sur les réactions provenant des champs de force. Chaque radiesthésiste croit posséder le meilleur pendule. En réalité, c'est une question d'adaptation des réflexes. En s'habituant à un pendule, on fait corps avec lui. En changeant de pendule, on doit refaire le travail d'adaptation.

La forme du pendule est une question secondaire, même si de célèbres radiesthésistes préfèrent la forme sphérique. Il faut savoir qu'aucune forme actuellement vendue dans le commerce ne facilite particulièrement le travail ni n'augmente la sensibilité de l'opérateur.

La sensibilité, dit Mertens, c'est le radiesthésiste qui se la crée, par le travail et la pratique. C'est une loi à laquelle personne n'échappe.

COMMENT FABRIQUER UN PENDULE OU UNE BAGUETTE ?

Rien de plus facile que de fabriquer un pendule. Il suffit d'accrocher un poids au bout d'un cordon ou d'une chaînette de 20 centimètres de long au maximum. À la partie supérieure, on peut fixer un anneau, pour plus d'assurance (il faut toujours le tenir entre le pouce et le médius). Le matériau importe peu : médaille, plomb, cristal, fer, etc. L'important est qu'il oscille. Pour signaler la découverte que l'on espère, il effectue, presque toujours, des girations, parfois des élipses, des rhombes, carrés, rectangles... avec plus ou moins d'énergie. On dit que cela dépend de celui qui tient l'instrument. La vitesse du mouvement dépend exclusivement de la longueur du fil qui, elle, est au goût de chacun, dans la limite moyenne de 15 à 20 centimètres.

Il est pratique d'adapter une barrette autour de laquelle on enroule le fil ou la chaînette pour en régler la longueur. Le père Henry de France avait conçu le sien de cette manière : il déroule lentement le fil du pendule au-dessus du corps étudié en lui imprimant un léger mouvement pendulaire. Le moment où le pendule commence à tourner, dans un sens ou dans l'autre, correspond à la longueur adéquate du fil. Certains radiesthésistes astucieux placent un morceau de cire sur le fil qui adhère ainsi légèrement aux doigts et dispense de serrer le pendule trop fort. Le fil peut être en soie, coton, lin, chanvre ou rayonne. Certains préfèrent des chaînes d'argent, de laiton, chromé ou non. En fait, il peut être fait d'un matériau quelconque, à l'exception du fer aimanté. Certains sourciers utilisent une montre au bout de sa chaîne ou un simple fil à plomb. En Normandie, on emploie de préférence un alliage d'or suspendu au bout d'un cheveu.

Quant aux baguettes, elles peuvent être en bois tendre afin de ne pas rompre sous l'action de la saute. Le coudrier ou l'olivier sont préférables, car ils conservent leur élasticité plus longtemps. Autrement, on peut utiliser d'autres matériaux flexibles, de section arrondie ou plate : métaux, plastiques, fanons de baleine, etc., en les liant en forme de Y. La distance entre les deux extrémités supérieures ne dépassera par 50 centimètres.

Pour réaliser une baguette traditionnelle en bois, on choisit une branche de coudrier, de cerisier, d'olivier, de jonc, de tamarin, ou, comme le font les Soviétiques, de saule ou de pêcher. Elle sera composée de deux branches, de préférence de même force et les plus droites possible, de 33 à 35 centimètres de long. Il faut qu'elles soient de même calibre : 2 à 5 millimètres. Le professeur S. Dorey conseille de sectionner la branche mère de 5 à 10 centimètres de la naissance des rejets. On ligature les deux morceaux à l'une des extrémités avec un fil de chanvre, de lin, ou même avec un fil métallique. Attention, ne pas utiliser des branches fourchues car elles auront sûrement perdu leur pouvoir. Le baron Beausoleil faisait la recommandation suivante : « Le bois de la baguette doit être coupé en juillet, août ou septembre, un mercredi, jour de Mercure, toujours représenté avec une baguette. Il faut couper le bois d'un seul coup avec une lame de couteau bien acérée et opérer en période de pleine lune. »

Signalons que la baguette métallique tourne sur son axe bien plus facilement que la baguette en bois. De nombreux radiesthésistes pensent que la baguette métallique à une durée de vie très longue tandis que la sensibilité de la baguette de bois diminue au bout de trois ou quatre sessions.

À l'heure actuelle, les baguettes en os de baleine remportent un grand succès. Elles sont formées de deux tiges de calibre régulier, de section carrée ou rectangulaire.

On doit choisir des tiges dotées d'un côté plan afin que les deux parties ne tournent pas l'une autour de l'autre. On les ligature à l'aide d'un fil métallique, ou mieux, d'un fil de chanvre ou de lin.

Deux critères concernant les deux instruments radiesthésiques doivent être absolument respectés.

- Ne pas changer de pendule ou de baguette une fois que l'on a trouvé les instruments qui conviennent.
- Ne pas prêter son instrument lorsque l'on aura senti le mouvement. Tenez compte du fait que le pendule ou la baguette sont imprégnés d'ondes personnelles qui se déchargeraient si une tierce personne intervenait.

Le « témoin »

En plus de la baguette et du pendule qui sont tous deux les seuls instruments indispensables au radiesthésiste, il existe une multitude d'accessoires destinés à vous aider dans vos recherches. Parmi ces accessoires, le témoin est sans doute le plus utile.

En 1657, le père jésuite Gaspard Schott fut le premier à pratiquer la radiesthésie avec un témoin. En réalité, le témoin n'a qu'une valeur relative. Il n'a aucune vertu particulière « tant qu'une convention mentale appropriée ne lui a pas conféré un rôle précis ». Un témoin n'est autre qu'un échantillon de ce que l'on recherche. Certains l'utilisent, d'autres, non. Pour prospecter de l'eau, le témoin sera un petit tube en verre contenant de l'eau de même nature que celle recherchée. Dans la prospection du cuivre, un échantillon de ce métal servira à la recherche du filon.

Le témoin peut être réel ou « artificiel », à savoir un morceau de ce que l'on recherche, ou une matière quelconque « imprégnée » de la volonté mentale de l'opérateur ou bien de l'objet réel recherché. Il ne fait aucun doute que le témoin le plus pratique et le moins encombrant est le « témoin graphique » qui évite de recourir à une série de témoins réels qu'il serait difficile d'obtenir ou de manier. Le témoin graphique est un matériau quelconque sur lequel on fait une indication graphique (un mot, un dessin) destinée à aider le radiesthésiste dans ses recherches. Une photographie, un mouchoir, etc. ayant appartenu à une personne disparue peut servir de témoin pour une tentative de localisation, car ils constituent une sorte de représentation de la personne recherchée. De même, un carré de papier ou de carton sur lequel on a écrit le mot « or » ou « argent » est un témoin graphique parfait, pourvu qu'au moment où l'on écrit le mot, on se concentre fortement pendant une ou deux minutes sur le métal recherché. Lors de son utilisation, il faut de nouveau penser intensément à ce que l'on recherche pendant vingt à trente secondes. Ce type de dynamisation mentale confère au support la « qualité » de l'objet recherché. On prend le témoin dans la main qui tient le pendule, ou dans l'autre. Il en va de même si la recherche se fait au moyen de la baguette.

Le but du témoin est de faciliter la recherche grâce à un phénomène de syntonie selon certains, ou un phénomène subjectif selon d'autres.

Un radiesthésiste expérimenté peut se passer de témoin de remplacement matériel. Il lui suffit de penser intensément à ce qu'il cherche et former dans son esprit une image mentale de l'objet en question. L'essentiel est que la chose recherchée soit parfaitement connue de l'opérateur, tant visuellement que par son essence. Imaginez par exemple que vous recherchiez sur un plan une personne disparue que vous ne connaissez pas bien. Il faudra trouver un témoin : une photographie, un vêtement, des cheveux... Si vous la connaissiez bien, vous pourriez vous passer de ces témoins et effectuer la prospection en pensant intensément à elle.

Dans certaines recherches, les témoins peuvent être remplacés par des équivalents, comme certaines couleurs ayant les mêmes radiations que celles de l'objet recherché. C'est ainsi que les trousses de radiesthésistes contiennent des palettes de couleurs. La chromoradiesthésie constitue une branche importante de la radiesthésie.

Les appareils traditionnels

Bien que ces appareils n'aient aucune valeur scientifique, ils servent à réaliser des mesures qualitatives et quantitatives. Parmi ces appareils, il faut signaler l'aimant, très utile en radiesthésie sensorielle. Le champ magnétique de l'aimant sert à conduire les effluves radiesthésiques, provoquant ce qu'on appelle une onde porteuse.

La règle universelle, règle linéaire, double-décimètre, rapporteur de 180°, cercle gradué de 0 à 360° sont destinés à mesurer les champs magnétiques, les rayons fondamentaux, etc. Ils sont faciles à utiliser. La boussole est utile dans la recherche de l'eau. Elle sert à la fois pour l'orientation et comme aimant. Elle sert aussi à calculer le débit approximatif d'une source.

Le téléradiesthésiste peut se munir de cartes géographiques, d'une planche anatomique de l'homme (téléradiesthésie médicale), ou encore d'une planche anatomique animale (diagnostic vétérinaire).

On peut également se servir d'appareils automatiques purement scientifiques qui servent simplement à confirmer les résultats des prospections radiesthésiques. En voici quelques exemples :

- *l'appareil de Wust et Wendler* est un appareil à aimant donnant des mesures d'angle grâce à un aimant droit et à une boussole ;
- *l'appareil de Schlumberger* employé comme moyen de contrôle de la conductivité électrique et de calcul de différence de potentiel provoqué dans le sol par le passage d'un courant d'eau ;

- *l'électromètre de Elster et Geiter* calcule certains courants souterrains peu profonds qui affectent le champ électrique de l'atmosphère au contact du sol.
- *le pendule Holweck-Lejay* est composé d'une baguette verticale de quartz isolé qui peut signaler les variations de gravité au-dessus de poches pétrolifères, de courants d'eau ou de masses métalliques ;
- *la balance de Eotvos* dont le fonctionnement est basé sur la loi de Newton. Elle a la même utilité que l'appareil précédent.

Le maniement de ces appareils scientifiques est très délicat et on ne peut les utiliser que pour des prospections très concrètes (gisements minéraux, poches pétrolifères, cours d'eau...).

Qui peut être radiesthésiste ?

Tout le monde peut être radiesthésiste. Ce n'est qu'une question de travail. Il existe plusieurs façons d'évaluer la sensibilité radiesthésique de chacun.

Le professeur M. Discry utilise la méthode suivante : il fait joindre les deux mains de l'aspirant radiesthésiste, les paumes vers le haut. Il fait ensuite tourner son pendule ou réagir sa baguette autour d'elles. Ensuite, les mains se séparent peu à peu, indiquant l'aptitude de la personne par les critères suivants :

- l'énergie avec laquelle les instruments bougent ;
- la distance à laquelle les deux mains parviennent à s'écarter l'une de l'autre sans que les instruments cessent leur mouvement.

De son côté, Mertens affirme qu'un radiesthésiste confirmé se rend immédiatement compte de l'aptitude d'une personne en approchant ses instruments des mains du néophyte. Le père Bourdoux, ancien missionnaire au Matto Grosso (Brésil), auteur de *Notions pratiques de radiesthésie pour les missionnaires*, préconise la méthode suivante : « Prenez un pendule et placez-le au-dessus de votre bras droit ou de celui d'un ami. Cherchez la direction de la circulation du sang dans les veines. Le pendule doit osciller immédiatement et se balancer dans la direction main – coude. Même si l'oscillation est faible, du moment qu'elle existe, vous pouvez vous considérer comme futur radiesthésiste. »

Ne vous découragez pas si, aux premiers essais, le pendule ne bouge pas. Recommencez l'expérience un peu plus tard. Si les échecs se poursuivent, il faudra faire appel à un radiesthésiste professionnel qui, seul, pourra résoudre le problème. Attention, il faudra enlever vos bracelets et bagues qui perturbent l'exercice.

Un autre moyen de connaître votre sensibilité radiesthésique consiste à toucher un radiesthésiste pendant qu'il opère. Posez la main sur son épaule pendant que le pendule bouge. Si le mouvement ne change pas, votre pouvoir est au moins aussi fort que le sien, s'il est amplifié, vos pouvoirs sont supérieurs, s'il est atténué, vos pouvoirs sont inférieurs. Si le pendule s'arrête brusquement, vous pouvez être sûr que votre aptitude n'est pas bonne, à moins que votre polarité soit l'inverse de celle de l'opérateur.

Rappelez-vous que vos dispositions peuvent varier d'un jour à l'autre. Le meilleur moyen de savoir si vous êtes capable de pratiquer la radiesthésie est encore de vous y exercer patiemment pendant un certain temps.

Patience et persévérance

Le néophyte doit être persévérant, car les débuts ne sont pas toujours brillants. La rapidité de vos progrès dépend de votre attention. Le moindre mouvement de l'instrument guide l'opérateur débutant dans son apprentissage, mais il arrive fréquemment que pendant les deux premiers mois d'exercice aucune réaction ne provienne de la baguette ou du pendule, jusqu'au jour où le miracle se produit, récompensant la patience et l'obstination dont vous aurez fait preuve.

Nous avons déjà dit que certains sont plus habiles au maniement de la baguette, d'autres à celui du pendule. D'autres encore agissent sans instrument. En passant la main au-dessus d'une zone radiante, elle se crispe chez certains ; d'autres ressentent un souffle chaud ou froid selon la zone sur laquelle se réalise l'expérience radiesthésique. Le souffle sera chaud pour une polarisation négative, et froid pour une polarisation positive. Les radiations humaines sont plus fortes que les radiations minérales, on les ressent donc avec plus de force et donc de facilité.

Avant de commencer les expériences, le professeur Moine fait les recommandations suivantes, afin d'éviter les causes d'erreurs qui pourraient fausser les résultats et miner le moral de l'opérateur débutant.

- « Ne jamais commencer d'expérience radiesthésique sans se sentir en bonne forme physique et mentale. Un malaise quelconque peut altérer ou annihiler la sensibilité. Il faut éviter d'opérer au moment de la digestion.

• Ne tenter aucune expérience si l'atmosphère n'inspire pas confiance. Les plaisanteries et l'hostilité de certaines personnes peuvent provoquer l'erreur.
• Demander aux personnes présentes de respecter un certain "silence mental" et d'éviter de penser à l'objet de l'expérience.
• La réussite d'une expérience dépend toujours de l'orientation ainsi que de la convention mentale de l'opérateur.
• Les débutants se laissent souvent dominer par une autosuggestion inconsciente qui fausse leurs réactions et leur tension, paralysant les mouvements du pendule ou de la baguette. Il faut observer une neutralité mentale absolue, sans idée préconçue quant au résultat de l'expérience.
• Si le pendule ou la baguette réagissent et que l'opérateur se trouve dans l'incapacité d'interpréter les mouvements, cela signifie que l'orientation et la convention mentale sont insuffisantes et mal formulées.
• Respecter la règle qui consiste à chercher la cause de chacun des échecs. En radiesthésie, comme partout, une erreur est provoquée par une faute. »

Quelques exercices de radiesthésie

L'entraînement radiesthésique comprend divers exercices simples qu'il faut répéter le plus souvent possible. Si vous choisissez une baguette, sachez qu'en rapprochant les mains l'une de l'autre, vous augmenterez la flexion des branches. L'instrument est tendu comme un ressort puissant et prêt à pointer vers le haut ou le bas à la moindre impulsion. On a déjà dit qu'il est préférable de porter la baguette horizontalement, la pointe légèrement surélevée en maintenant les avant-bras horizontaux et les coudes au corps. Si vous choisissez le pendule, vous devez tenir le fil de suspension entre le pouce et l'index.

Le premier exercice consistera à mesurer la proximité de l'eau, élément vital et objet principal des recherches des anciens sourciers.

Il existe de nombreuses méthodes de prospection, mais ici nous suivrons les recommandations de trois radiesthésistes de renommée mondiale : les professeurs Dorey, Moine et Mertens.

Recommandation préalable : pour ne pas être distrait, ni influencé – ce qui serait néfaste à votre concentration mentale – efforcez-vous de faire vos premiers exercices seul (ce qui n'exclut pas l'intervention d'un ou plusieurs aides en cas de besoin) et dans le plus grand calme.

PREMIER EXERCICE

Dorey recommande de se tenir debout, l'instrument en main, devant un récipient d'eau. L'expérience se fait chez soi ou dans une cour protégée du vent et de l'animation. En état passif d'attente, formulez mentalement votre volonté : « Je veux être sensible à la radiation de l'eau. » Ensuite, attendez la réaction de l'instrument. La baguette doit se lever ou se baisser très brusquement. Avec le pendule, les mouvements consistent en oscillations ou en girations. Refaites l'exercice plusieurs fois jusqu'à ce qu'il soit réussi, puis passez à l'expérience suivante. Disposez deux récipients, l'un vide, l'autre plein d'eau, séparés d'un mètre l'un de l'autre. Un tiers devra couvrir les deux récipients de manière à en dissimuler le contenu. Il s'agit ensuite de trouver celui qui est plein d'eau, en étudiant l'un et l'autre des récipients selon la méthode de l'exercice précédent. Vous pourrez ensuite travailler en extérieur, en suivant les recommandations de Mertens.

Par une journée ensoleillée, rendez-vous dans un pré, muni de votre instrument. Tenez la baguette entre vos mains comme il a été décrit plus haut. Marchez doucement en répétant sans cesse : « Y-a-t-il de l'eau sous mes pieds ? » Pour augmenter vos chances, vous porterez dans l'une de vos mains une petite bouteille pleine d'eau servant de témoin réel. Dans cet exercice, il est probable que la baguette sera attirée vers le haut ou le bas. Si la baguette se lève, elle indique que vous êtes au-dessus d'une zone d'action.

Recommencez l'expérience sur d'autres sites et vérifiez que la baguette réagit encore. Souvenez-vous qu'en présence de plusieurs veines d'eau, la baguette se baisse ou reste inerte en direction de l'aval, selon votre degré de sensibilité radiesthésique ; elle se lève invariablemnt lorsqu'elle est dirigée vers l'amont. Refaites cet exercice très souvent et en différents endroits.

Pour ce qui est du maniement du pendule, le professeur Moine recommande de tenir le fil entre le pouce et l'index en gardant les articulations souples, car ce sont les mouvements inconscients des doigts qui impriment un mouvement au pendule. Si les doigts sont crispés, de telles manifestations ne peuvent se produire.

Avant tout, il est indispensable de régler la longueur du fil. En principe, et pour respecter les conseils que nous vous avons déjà donnés, laissez pendre le pendule de 3 à 4 centimètres. Attendez qu'il se mette en mouvement, ce qui ne saurait tarder, puis, doucement, laissez glisser le fil entre vos doigts jusqu'à l'obtention du mouvement optimal.

DEUXIÈME EXERCICE

Supposons que vous ayez enregistré une veine d'eau. Prenez alors une pierre de deux à cinq kilos, ou plus si vous avez la force de la soulever. Tenez-la dans la main droite, le bras tendu en l'air et marchez sans suivre de chemin précis. Au moment où vous croiserez la veine d'eau, la pierre paraîtra plus lourde.

Après avoir marqué de jalons les points enregistrés, refaites l'opération les yeux fermés. Après plusieurs exercices de ce genre, vous vérifierez rapidement la qualité de vos réactions par rapport à la réalité. La prospection effectuée les yeux bandés a été préconisée à l'origine par le vicomte Henry de France.

Le professeur Moine recommande l'exercice dit de « convention mentale ». Tracez au préalable une ligne horizontale et placez le pendule audessus. Ensuite, concentrez-vous sur cette ligne. De ce fait, vous établirez la convention mentale suivante : « Je veux que mon pendule oscille lorsqu'il sera juste au-dessus de la ligne. » Normalement, le pendule obéira à l'orientation et la convention mentale choisie. En l'écartant de la ligne, il doit s'immobiliser. S'il n'obéit pas, cela signifie que vous n'avez pas correctement saisi le processus mental.

TROISIÈME EXERCICE

Le débutant prendra un pendule assez lourd et marchera en le tenant avec une fiole témoin remplie d'eau soit dans la main droite en contact avec la chaîne ou le fil, soit dans la main gauche. Il faut marcher lentement, car les réactions du pendule sont moins énergiques et moins évidentes que celles de la baguette. Le pendule commencera par osciller, puis il se mettra à tourner lorsque l'opérateur passera sur une zone radiesthésique. Il faudra tenter l'opération en divers endroits, comme on l'a fait avec la baguette, pour finir par le faire les yeux bandés. Le néophyte sentira probablement le même phénomène d'alourdissement qu'on avait noté avec la pierre. Dans le sens du courant de l'eau, c'est-à-dire vers l'aval, le pendule se balancera et paraîtra être entraîné par le courant. Dans le sens contraire du courant, vers l'amont, le pendule tournera.

Ce sont là les exercices élémentaires du futur radiesthésiste et il est conseillé de les exécuter aussi souvent que possible. On s'apercevra vite que le travail est fatiguant et même épuisant. Les débutants, surtout, ne doivent pas dépasser une certaine limite.

Tous les exercices qui précèdent vous enseignent le maniement de la baguette et du pendule ainsi que la pratique de la convention mentale, nécessaire dans toute prospection radiesthésique. Jusqu'à présent, vous vous êtes exercé sur des bases connues. Par la suite, vous réaliserez des prospections dans l'inconnu le plus absolu.

Sachez observer avant d'interpréter

L'apprentissage radiesthésique est très délicat. Rappelons néanmoins que sa pratique ne nécessite ni dispositions innées ni tempérament spécial. Certains individus ont plus de facilités, mais la majorité des gens (80 %), à condition de s'exercer patiemment, peuvent devenir de bons praticiens. Les Soviétiques ont fait une série de deux cents expériences au-dessus de gisements de plomb, d'or, de zinc et de charbon situés à plus de 90 mètres de profondeur. Ils ont constaté que pour plus de 40 % des femmes, et seulement 20 % des hommes, la baguette ou le pendule ont réagi dès que l'individu se trouvait à la verticale du gisement minéral. René Lacroix-à-l'Henry donne les conseils suivants :

- la radiesthésie consiste à savoir observer avant d'interpréter ;
- interpréter en disant « je sens » et non pas « j'affirme » ;
- vouloir profondément trouver ce que l'on cherche, mais rester passif quant aux mouvements du détecteur ;
- ne travailler que dans le calme le plus parfait et avec une vitalité maximale.

Les plus experts des radiesthésistes s'accordent à penser que l'inaptitude totale correspond à une sensibilité nulle, une absence d'états affectifs intenses et une mémoire défectueuse. On exclut aussi les personnes qui mangent des aliments trop salés et ceux dont la sueur est trop acide. Il en va de même des malades et des personnes qui suivent un traitement médicamenteux à base de sels minéraux et de métaux portant préjudice à la conductibilité de la peau et au potentiel du corps humain. Une contusion, un membre fracturé sont également des raisons de fuite de potentiel radiesthésique.

S. Dorey raconte que les électrocardiogrammes ont démontré que toute personne, qu'elle possède le potentiel nécessaire pour pratiquer la radiesthésie ou non, présente une résistance physique en passant à l'aplomb de zones de « phénomènes ». Or les sourciers ont le pouvoir, scientifiquement inexpliqué à ce jour, d'extérioriser cette réaction, par le biais des mouvements de la baguette ou du pendule.

Les baguettes et les pendules des grands radiesthésistes

La baguette dite de Pluton est une baguette ordinaire pourvue en son extrémité d'une sphère de fer de 2 ou 3 centimètres de diamètre, accompagnée d'une barre aimantée, disposée transversalement, à environ 2 centimètres de la sphère. Il y a aussi les baguettes américaines formées de deux fils d'acier en spirale. Elles sont très sensibles, mais leurs réactions sont moins vives.

La baguette du docteur Regnault, de Toulon, est faite de tiges creuses que l'on peut séparer en deux parties. Cela permet d'introduire dans l'une d'elle un témoin, et dans l'autre un compensateur pour équilibrer le témoin. D'autres modèles dont l'efficacité a été prouvée sont la baguette classique en bois, celle de Flaherty, dite « antenne d'insecte », celle de Lacroix-à-l'Henry, celle du frère Padey, celle de Béraud, en argent, la « magnétique » en fer, la « solénoïde » avec enroulement métallique autour de ses branches, la baguette en plastique à coulisse, la baguette en os de baleine et enfin celle de Lola Neiter, semblable à un vilebrequin.

Quant aux pendules, il serait impossible, sinon monotone, de tous les passer en revue. Nous nous limiterons à signaler les plus fameux.

M. Duverney utilisait une suspension sphérique en or. Le chanoine Luchini avait transformé une baguette de métal en pendule.

Armand Viré se fabriqua un pendule avec une boule d'ivoire. Le docteur Jules Régnault se construisit un pendule composé d'une ampoule contenant du mercure.

Chaque radiesthésiste se souvient du célèbre pendule créé par M. Larvaron. Il était de bois noirci à l'encre de Chine et d'une volute métallique de 20 centimètres.

Madame Mersseman maniait ce que l'on appelait « le pendule magique », constitué de cinq ou six pièces de nickel assemblés par un fil ordinaire ou d'acier (un fil de cuivre passe au centre et fait deux ou trois tours).

L'ingénieur aéronautique Pitois confectionna son pendule en enroulant un fil de fer sur une aiguille moyenne. Il obtenait ainsi une petite spirale.

Monsieur Voillaume conçut un pendule réglable noir qui ressemblait à une règle à calcul verticale. Chaque millimètre correspond à un rayon du spectre solaire et permet d'établir un meilleur contact avec les ondes et les radiations radiesthésiques.

Le pendule creux de l'abbé Mermet est métallique et possède un « chapeau » qui se dévisse afin de glisser dans le pendule un témoin.

Pour les prospections souterraines et la recherche de cavités, le vicomte Henry de France et Lacroix-à-l'Henry préconisèrent les ampoules électriques.

L'abbé Ferrand employait un pendule de poids variable qui comprenait un plateau de balance sur lequel il plaçait des poids. Bélizal et Chaumery travaillèrent toujours avec un pendule sphérique décoré des symboles chinois du Yin Yang ou des Pa Koua de l'empereur Fo-Hi.

Monsieur Treyre, fervent défenseur de la radiesthésie, choisit un pendule sphérique pourvu de branches, le faisant ressembler à une étoile.

Augarde, commandant en second du Normandie, inventa son fameux « pendule EMPA » (Electro-magnétique Paul Augarde) qui ressemblait à un étrier à l'envers.

Les pendules de Montandon réunissaient plusieurs fils de plomb ensemble, et ceux du docteur Albert Abrams, de San Francisco (les « oscillophores ») comprenaient trois pendules suspendus dans une boîte en cristal devant laquelle une loupe permettait de distinguer les mouvements les plus légers.

Antoine Luzy inventa un pendule de laiton sphérique terminé en pointe. L'ingénieur Victor Mertens travaillait presque toujours avec un pendule constitué d'une sphère de quinze millimètres de diamètre pesant trente-cinq grammes, suspendu à une chaîne de dix centimètres de long. Le pendule comme la chaîne était en argent pur.

Pour finir, citons les pendules de cristal de roche de A. Lambert et Serh, et les pendules sphériques de A. Lambe et de Jean-Paul Kersaint avec lesquels ils obtinrent d'innombrables succès.

Quelques recommandations avant d'opérer

Si vous voulez qu'une opération radiesthésique soit parfaitement concluante, il faut respecter un certain nombre de détails.

- Marcher sur du caoutchouc, du cristal ou du papier empêche presque toujours la transmission des ondes.
- Porter des gants de peau, de soie ou de fil est hostile au mouvement de la baguette ou du pendule, comme l'est le port de chaussures en caoutchouc ou celui de bijoux ou de masses métalliques.
- Aucune règle ne peut être formulée quant au moment le plus propice pour opérer, car la qualité de la recherche dépend de la personnalité et de la préparation de l'opérateur.
- Certains obtiendront de bons résultats quelle que soit l'heure, tandis que d'autres auront de moins bons résultats de nuit. Cependant, cela ne change rien aux variations des champs de force qui, selon certains, sont plus intenses de nuit.
- Un pendule ou une baguette tombés à l'eau peuvent être désensibilisés, car la surface humidifiée forme une sorte de pellicule polarisée par endroits. Que faire dans ce cas ? Il suffit de sécher l'instrument pour qu'il recouvre ses propriétés.
- Éviter de faire un nœud sur la chaîne ou sur le fil entourant une branche de la baguette sous prétexte de la personnaliser : le courant qui semble entrer par la pointe de la baguette s'échappera immédiatement par les extrémités de l'instrument.

La recherche d'eau semble être un cas particulier en soi. Pour des raisons encore non élucidées, la période la plus favorable pour une activité électromagnétique des corps serait comprise entre 10 et 16 heures.

L'éminent professeur Stéphane Dorey dit que l'état de l'atmosphère exerce une réelle influence sur toute opération radiesthésique. Il semble qu'elle agisse sur le sourcier, perturbant son équilibre physiologique et la pureté de ses réflexes neuromusculaires. Il en va de même du vent qui fait vaciller les champs d'action et perturbe l'efficacité des courants de forces.

Un sol brumeux, le crachin, la pluie perturbent l'état électrique de l'air à proximité du sol.

Ces perturbations peuvent être perçues par l'inconscient de l'opérateur et fausser ses réactions au point d'annuler les perceptions utiles.

Dans le cas d'une recherche à l'intérieur d'une maison, la semi-obscurité due à la fermeture des volets ou des rideaux ne change rien aux courants de forces entre les corps en présence. En revanche, on utilisera de préférence la lumière d'une lampe à pétrole au lieu de l'électricité, car celle-ci produit un champ électrique qui cerne les conducteurs de courants et neutralise le passage des radiations électromagnétiques.

Au début d'une recherche, lorsque le pendule aura commencé à osciller au-dessus du document témoin, il conviendra de baisser légèrement les paupières de manière à ne pas voir nettement l'objet sur lequel on opère.

Rappelons enfin que la baguette peut se substituer au pendule dans tous les cas.

La loi de l'inconscient

Une fois que vous aurez terminé les exercices élémentaires avec succès, vous pourrez réaliser d'autres exercices de recherche d'objets perdus. Rappelez-vous cependant que moins l'objet est volumineux, moins fortes seront les radiations émises. De plus, si l'objet est égaré depuis peu, ses radiations seront à peine perceptibles loin du sol.

Le professeur Dorey propose ces deux cas :
– vous connaissez la nature de l'objet, mais pas son emplacement ;
– vous connaissez son emplacement, mais pas sa nature.

• Voyons le premier cas. En un point quelconque du terrain, tournez lentement sur vous-même. Arrêtez-vous et demandez-vous : « Est-ce dans cette direction ? » Ensuite, tournez encore un peu et répétez la question. Ainsi de suite jusqu'à ce que l'instrument se mette en mouvement. Repérez la direction, puis placez-vous en un autre point du terrain, si possible à 90° de celui où vous étiez. Recommencez l'opération et localisez la deuxième direction. À l'intersection des deux se trouve l'objet perdu.
• Passons au second cas : l'index de votre main gauche doit pointer

comme une antenne vers le sol. Si vous utilisez un pendule, tenez-le de la main droite. Demandez-vous : « L'objet caché dans le sol sous mes pieds est-il métallique ? » Répétez la question cinq ou six fois en une minute. Si vous obtenez une réponse positive, énoncez les noms des différents métaux. Sinon, essayez autre chose, par exemple : l'objet caché dans le sol à mes pieds est-il une pièce de vaisselle ? de faïence ? de cristal ?

Pour ces exercices vous pouvez vous aider d'un témoin, par exemple un petit objet d'argent, de cuivre, etc., déposé au creux de la main.

Voici un autre exercice possible pour le débutant (Dorey). Coupez trois carrés identiques de 3 ou 4 centimètres de côté dans un papier épais. Écrivez au crayon, sans appuyer la mine, un numéro sur chaque papier : 1, 7, 18, etc. Placez les papiers alignés, séparés l'un de l'autre de 4 à 5 centimètres. Bien sûr, vous ne connaîtrez pas les nombres inscrits sur les papiers. Faites osciller votre pendule à un centimètre au-dessus d'un des papiers et dites : « Je veux être sensible à la présence du numéro 1. Est-ce le numéro 1 ? » Vous devez rester ainsi pendant une minute au moins et maintenir volontairement l'oscillation du pendule. Rappelez-vous que votre regard ne doit pas suivre les mouvements pendulaires. Il doit rester fixé au centre du papier. Reformulez votre question en changeant de nombre à chaque fois jusqu'à ce que vous obteniez le bon résultat. On peut compliquer cet exercice en multipliant les papiers, puis en les mettant sous enveloppe.

Si vous réussissez tous ces exercices, vous tenez les clés de la radiesthésie. Vous vous serez soumis à la loi de votre inconscient, et vous ne pourrez plus vous en départir sans détruire vos pouvoirs radiesthésiques.

La caisse de sable

On peut en toute commodité s'exercer à la radiesthésie chez soi ; pour cela, vous disposerez d'une caisse à sable rectangulaire, en bois, d'environ 80 centimètres de long sur 50 de large et 25 de profondeur. Le professeur Mertens recommande d'éviter les clous et pièces de métal paramagnétiques. Les panneaux seront assujettis à l'aide de chevilles en bois. La caisse sera remplie de sable fin et sec. Elle constitue un excellent terrain d'essai, propice aux recherches de l'eau, aux prospections minéralogiques et à la localisation de trésors occultes, avec un avantage indiscutable : après chaque exercice, on peut immédiatement vérifier le succès ou l'échec de l'expérience.

Sous le sable, une tierce personne cache un objet quelconque. Ensuite, à l'aide de la baguette ou du pendule et d'un témoin, vous localiserez l'eau, l'échantillon minéralogique ou un bijou. Il convient de travailler avec ordre et méthode. Le meilleur moyen est de traverser la caisse d'est en ouest avec le témoin en main. Lorsque le pendule croisera la prolongation nord-sud de l'objet caché, il réagira en tournant d'un côté ou de l'autre, selon la polarité de l'objet et la vôtre. Vous sillonnerez ainsi deux ou trois fois le plan méridien par des endroits différents, reprenant toujours l'orientation est-ouest ou ouest-est du terrain miniature sur lequel vous travaillez.

Si vous parvenez à aiguiser vos sens suffisamment, il est possible qu'en passant sur le méridien nord-est, vous ressentiez un alourdissement du pendule, ce qui est bon signe.

Vous joindrez tous les points que vous aurez rencontrés par une ligne droite tracée à la surface du sable et vous en déduirez que l'objet recherché se trouve sous la surface désignée. À condition, bien sûr, que l'expérience ait été faite selon les règles de l'art radiesthésique.

Signalons qu'il est possible de placer le pendule en dehors de la caisse et de passer l'index de la main gauche au-dessus du sable pour capter les vibrations. Le résultat sera le même. On recommande, dans ce cas, de maintenir le pendule au-dessus d'un papier noir ou blanc pour éviter les réactions parasitaires qui perturbent le travail. De cette manière, vous pourrez sentir l'alourdissement, comme si c'était le pendule qui passait au-dessus de la zone.

En réalisant les investigations de cette manière, on utilise le plan magnétique nord-sud terrestre comme onde porteuse.

Rappelons qu'une ligne n'est pas un point et qu'elle ne suffit pas à localiser un objet ; le croisement de deux ou plusieurs lignes vous permettra de le faire. Il faudra donc tracer une seconde ligne qui coupe la première, formant un angle suffisamment ouvert pour que le point d'intersection soit facilement repérable.

Un travail difficile

On donne de nombreuses solutions pour atteindre ce résultat. En voici quelques-unes.

- Faites progresser le pendule ou l'index de la main gauche en un mouvement de translation, sur une ligne parallèle à la première ligne. Lorsque vous parviendrez à la perpendiculaire de l'objet, le pendule réagira. Marquez le point et répétez l'opération de l'autre côté de la première ligne. Joignez les deux lignes parallèles en traçant la perpendiculaire à partir des deux points localisés sur les deux lignes. L'objet se trouve à l'endroit où les deux lignes se coupent sur la première.
- Créez un plan vertical magnétique artificiel (onde porteuse) à l'aide d'un aimant droit, d'un aimant en fer à cheval ou d'une boussole dont l'aiguille est fixe. Ensuite, cherchez dans ce plan les réactions pendulaires de même type que celles décrites pour le plan naturel nord-sud. Déplacez l'aimant et provoquez ainsi artificiellement autant de plans que vous le voulez, toujours avec un angle suffisamment ouvert par rapport à la ligne établie antérieurement. L'objet se situe à l'intersection des lignes. Cette méthode de travail remporte d'excellents résultats sur terrain ouvert.

Les premiers exercices sur le terrain ne sont pas suffisants pour la recherche méthodique d'eau, de minéraux, etc. Nous ne les recommandons qu'à des fins d'exercices d'adaptation. D'ailleurs, il est fort probable que vous n'obteniez que des échecs au début. Même si la surface d'investigation est petite, la recherche est aussi difficile qu'en terrain ouvert. Recommençez les exercices de temps à autre. Le succès viendra récompenser les persévérants.

Nous conseillons de ne pas cacher les objets dans les coins de la caisse, mais au moins à un ou deux centimètres de ceux-ci. Autrement, les radiations ne seront perçues que le long des parois. C'est le phénomène de coins qui fait obstacle au travail de radiesthésie.

Retirez le sable de la caisse après chaque exercice afin d'éviter la production de phénomènes dus à la rémanence et à l'imprégnation qui sont la cause de nombreuses erreurs. Le spécialiste Andreu recommande de changer le sable en totalité après un certain temps.

Déterminer la profondeur d'un objet

La caisse de sable, votre terrain portatif, permet de faire toutes les expériences praticables sur le terrain, par exemple, évaluer la profondeur à laquelle se trouve l'objet que vous avez localisé. Dans ce cas, comme dans les suivants, nous suivrons les conseils de Mertens.

À partir du point où l'objet est enfoui (un morceau de cuivre par exemple), avancez avec le pendule en mouvement dans l'une des directions cardinales : nord, sud, est ou ouest. En un point déterminé, le mouvement du pendule changera. Marquez cet endroit et recommencez l'opération au moins dans deux autres directions. La distance linéaire qui vous sépare de l'objet caché, ou sa projection à la surface du sable, représente la profondeur à laquelle se trouve l'objet caché.

Cette méthode donne d'excellents résultats, tant dans une caisse de sable que sur le terrain. Le secret, c'est simplement de recommencer sans cesse les mêmes opérations jusqu'à ce que vous vous adaptiez parfaitement au maniement du pendule. Ne vous prêtez pas à l'autosuggestion et reposez-vous de temps en temps.

Si vous voulez vérifier la profondeur que vous venez de déterminer, il suffit d'enfoncer dans le sable, à la verticale de l'objet repéré, un bout de fil de fer, une pointe métallique, ou, le cas échéant, une aiguille de taille moyenne. La mesure prise doit correspondre, à quelques millimètres près, à la distance enregistrée.

Identifier la nature d'un objet caché

Choisissez quatre ou cinq témoins, en sachant qu'un objet de même nature que l'un d'eux est enfoui dans le sable.

Il faut procéder avec ordre et par élimination en se basant sur le principe de syntonie qui s'établira entre l'objet et le témoin. La réaction du pendule ne surviendra que lorsqu'on présentera au-dessus de l'objet un témoin de nature semblable. Sachez que cette expérience est des plus délicates. Cependant, vous obtiendrez rapidement une grande précision en multipliant les exercices. Le travail sur une caisse de sable oblige à beaucoup de précision. C'est donc un excellent moyen d'apprentissage.

D'autres exercices importants

• *Chercher le champ d'action d'un corps ainsi que la définition du contour de cet objet.*
Ces expériences peuvent être réalisées les yeux fermés. Cela permet de lutter contre l'autosuggestion. Pour les recherches dans la caisse de sable, le pendule convient mieux que la baguette.

• *Chercher le lien qui existe entre deux corps identiques (loi de la sympathie).*
Deux corps de même nature sont liés entre eux par un lien invisible que l'on peut découvrir facilement à l'aide de la baguette ou du pendule. Répétez cet exercice très souvent.

• *Chercher le rayon fondamental d'un corps.*
Tout corps possède une radiation spécifique qui forme un angle fixe avec le plan magnétique du nord. Après avoir placé votre pendule au-dessus d'un témoin, vous le passerez ensuite au-dessus du corps caché. Le mouvement giratoire s'arrêtera brusquement et se mettra à osciller dans une direction déterminée qui n'est autre que celle du rayon fondamental de l'objet.

• *Chercher la série d'un corps.*
Qu'est-ce que la série d'un corps ? C'est le phénomène qui interrompt brusquement le mouvement giratoire du pendule qui se met à osciller un certain nombre de fois avant de reprendre un mouvement giratoire pour

un même nombre de fois, et ainsi de suite, indéfiniment, si l'on n'interrompt pas l'expérience. La série est le nombre de girations ou d'oscillations que le pendule effectue à la suite. Chaque corps possède sa propre série. Cette opération, très délicate, demande énormément de travail.

Quelques recommandations pour les aspirants radiesthésistes

Le radiesthésiste devra se désimprégner régulièrement en frottant ses mains l'une contre l'autre, ou encore mieux, en les frottant avec un morceau de soufre. Cette désimprégnation est d'ailleurs nécessaire lorsque l'on travaille sur des produits nocifs. De même, ne vous surestimez pas et ne dépassez pas votre capacité de travail. Il faut aussi désimprégner souvent les instruments, au moins entre chaque travail. En effet, ils s'imprègnent des radiations captées. Si vous ne les désimprégnez pas, vous risquez de commettre de graves erreurs qui nuiraient à votre prestige.

Sur le terrain le radiesthésiste doit respirer profondément et remplir ses poumons d'air frais. S'il fait beau, regarder le soleil directement constitue un excellent reconstituant. De même, on peut se reposer en pointant l'index de la main droite vers le soleil, le bras tendu vers le haut, tandis que l'index de la main gauche est dirigé vers le sol. En faisant cela, on sera de préférence face au nord magnétique. Par sélection mentale, on captera les ondes bénéfiques du cosmos.

Notez que le chêne séculaire, très respecté des druides, est un arbre qui puise des ondes bénéfiques dans le sol. En s'appuyant contre le tronc d'un chêne et en laissant courir les émanations que vous aurez captées durant le travail, elles deviendront bénéfiques. S'il n'y a pas de chêne, il y a très certainement des herbes, de la fougère ou d'autres végétaux. Choisissez quelques brins (de préférence une fougère mâle) et frottez-en votre front énergiquement. Bien évidemment, il faut éviter les plantes toxiques. Ensuite, vous vous laverez les mains et les avant-bras à l'eau claire.

Chaque radiesthésiste travaille à sa manière et chacun d'eux possède ses propres appareils. Toutes les méthodes sont bonnes, à condition de pouvoir rapidement les systématiser. À ce propos, nous aurons de nouveau recours aux enseignements de l'ingénieur belge Mertens : « Soyez prudents à vos débuts, n'affirmez rien trop vite. Vérifiez votre travail plusieurs fois. Prémunissez-vous contre toute erreur possible. Si vous avez l'occasion ou la chance de rencontrer un maître, posez-lui des questions et demandez-lui de vous montrer sa façon de procéder. »

La mémoire subconsciente

On sait qu'il existe de nombreuses méthodes de prospection radiesthésique d'une complexité souvent déroutante pour le néophyte. En vérité, une bonne méthode doit être simple et à la portée de tous.

Après les premiers exercices d'apprentissage destinés à se familiariser avec l'usage de la baguette et du pendule, rien n'empêche le débutant d'inventer une méthode personnelle convenant, en se fondant sur les techniques et les explications que nous fournissons ici. Ajoutons avant de commencer qu'il faut comprendre parfaitement le mécanisme de la prospection radiesthésique afin d'éviter l'écueil de l'autosuggestion et le blocage de votre sixième sens. Colette écrit à ce sujet : « La première émotion que j'éprouvai lorsque la baguette fourchue se mit à tourner énergiquement entre mes mains fermées – les paumes tournées vers le haut et les pouces vers l'avant –, fut vive et joyeuse, semblable au plaisir causé par une présence invisible, malicieuse et bénéfique. Je ne cessais de l'interroger. Sous l'influence d'eaux voisines abondantes, le mouvement de la baguette évoquait pour moi, par son insistance, la révolte d'une couleuvre pleine du désir de dominer. »

Selon le professeur Moine, au début de toute prospection radiesthésique, la mémoire subconsciente joue un rôle essentiel. Elle sert de base aux méthodes de prospection. Personne n'ignore que la mémoire est une fabuleuse réserve nous permettant d'emmagasiner des images mentales, pensées, idées, sensations et souvenirs. Ces expériences passées sont enregistrées, conservées, classées dans le subconscient, à notre insu. Au moment de l'acte radiesthésique, l'interprétation provoque automatiquement une sorte de résonance entre l'objet recherché et la sensibilité de l'opérateur par l'intermédiaire de la baguette ou du pendule. Moine ajoute qu'avant de passer à la pratique des exercices d'apprentissage, il faut se représenter très clairement les différentes phases d'une prospection radiesthésique. Imaginons que nous recherchions un objet perdu.

Dans la première phase, la mémoire subconcsiente de l'opérateur doit enregistrer un certain nombre de connaissances y afférant (qui en est le propriétaire, description de l'objet, métallique ou non, sa forme, etc.).

En second lieu, il faut orienter sa pensée vers l'objet recherché ou y penser intensément, à l'exclusion de toute autre chose.

En troisième lieu, on établit les conventions mentales successives qui permettront d'interpréter avec précision les mouvements de la baguette ou du pendule. La première convention mentale sera : « mon pendule tournera lorsque ma main gauche – celle qui ne tient pas l'instrument – se trouvera sur le point de trouver l'objet perdu. » La seconde convention mentale sera plus précise : « mon pendule se mettra à tourner lorsqu'il sera proche de l'objet perdu. »

En quatrième lieu, on proposera deux hypothèses :

- les mouvements du pendule (amplifications des réactions réflexes de l'opérateur) coïncident avec l'objet recherché et la prospection est réussie ;
- les mouvements du pendule ne coïncident pas avec l'objet recherché et la prospection a échoué.

Enfin, en cinquième lieu, lorsque la recherche a échoué, il faut chercher les causes de l'échec. La faute est presque toujours due à un manque de concentration et de précision de la convention mentale, ou bien à une idée préconçue quant au lieu où est caché l'objet, ou enfin à l'interférence d'une tierce personne.

Trouver un objet caché par un tiers

Jusqu'à présent, nous avons travaillé sur des bases connues. À partir de maintenant, nous réaliserons de véritables prospections dans le plus grand inconnu. Dans l'exercice qui suit, il faut trouver la clé d'une maison ou d'une voiture que quelqu'un aura caché en un lieu ignoré de vous. On procédera par ordre.

Pour commencer, choisissez deux clés identiques. L'une d'elle sera le témoin, très utile pour fixer ses pensées et faciliter la concentration mentale. On placera une clé sur une table et on tiendra l'autre dans la main droite avec le pendule. Ensuite, on se concentrera sur l'objet recherché : la clé. La convention mentale sera la suivante : « Quand mon pendule sera au-dessus de la clé, il se mettra à tourner. » Il doit effectivement le faire lorsque vous aurez compris le mécanisme mental.

Dans l'exercice suivant, la clé témoin reste la même, tandis qu'on substitue à celle qui est placée sur la table une clé totalement différente. Ensuite, vous opérerez comme dans l'exercice précédent en conservant la même convention mentale. Si la convention mentale est bonne, le pendule ne doit pas tourner au-dessus de la nouvelle clé, parce que, comme le précise le professeur Moine, « Nos pensées ne sont pas accordées avec cette clé, mais avec celle que nous tenons en main (témoin). » Cet exercice démontre la valeur de la convention mentale et du témoin.

Après avoir préparé trois petites caissettes remplies de terre, demandez à quelqu'un de cacher la première clé. Prenez la convention mentale suivante : « Mon pendule se mettra à tourner lorsqu'il se trouvera au-dessus de la caissette contenant la clé. » Vous laisserez le pendule au-dessus de chacune des trois caissettes pendant 20 à 30 secondes. Vous observerez attentivement les réactions obtenues et vérifierez les résultats. Nous conseillons de recommencer l'exercice au moins cinq fois, avec quelques minutes de repos entre les tentatives, afin d'affirmer l'assurance de votre convention mentale.

Cet exercice peut se pratiquer à l'extérieur sans grande modification des conditions.

La preuve des verres d'eau

Paul Reboux dit : « le sixième sens, tout le monde le connaît, mais personne ne le reconnaît. Notre sixième sens n'a pas de nom. Pourtant, il existe. »

L'exercice suivant, recommandé par Moine, est destiné à distinguer, parmi quatre verres d'eau, celui qui aura été salé par une tierce personne. Confectionnez d'abord un témoin, un petit tube rempli d'eau et hermétiquement fermé. Placez la main droite tenant le pendule et le témoin au-dessus de chacun des verres afin de vérifier qu'ils contiennent de l'eau pure, semblable à celle du tube à essai. Puis demandez à votre aide de saler l'eau d'un verre. La convention mentale sera la suivante : « Mon pendule se mettra à tourner sur les verres qui contiennent une eau identique à celle du tube témoin. » Conformément à cette convention mentale, le pendule s'arrêtera de tourner au-dessus du verre d'eau salée. Il suffira de goûter l'eau pour vérifier le résultat. Répétez l'exercice plusieurs fois jusqu'à ce que vous soyez absolument sûr de votre habileté radiesthésique.

Voici un autre exercice sans visibilité. Posez sur la table un carton marqué de quatre ou cinq traits de crayon parallèles. Demandez à une tierce personne de cacher un verre d'eau sous le carton, sans que vous sachiez sous quel trait il se trouve.

Concentrez-vous sur l'eau et choisissez la convention mentale suivante : « Mon pendule tournera au-dessus du trait correspondant au verre d'eau pure. » Si toutes les conditions sont réunies pour réussir, le pendule doit effectivement tourner au-dessus du verre d'eau.

Comment trouver des sources et des veines d'eau ?

Lorsque l'on arrive sur le terrain, la première chose à faire est de vérifier qu'il y a bien une source d'eau souterraine et d'en chercher les points les plus propices pour la capter.

Que faire lorsque le terrain à explorer est une surface de plusieurs hectares couverte de cultures, de bois ou de friches ? Tout d'abord choisissez la baguette, plus sensible et plus rapide dans ses réactions que le pendule dans la prospection sur grandes étendues. Placez-vous en un point du terrain facilitant le début de l'exploration et prenez la baguette en main, avec ou sans témoin. Procédez selon les indications données aux chapitres précédents. Vous tournerez brusquement sur vous-même de gauche à droite. La baguette se mettra en mouvement lorsqu'elle pointera dans la direction d'où lui parviennent les effluves de l'eau. Vous ne vous mettrez à marcher dans cette direction qu'après avoir désimprégné la baguette.

Avancez jusqu'à ce que la baguette réagisse à nouveau. Marquez ce point, puis continuez, toujours dans la même direction. Vous obtiendrez différentes réactions, très souvent quatre. Il faudra alors les déchiffrer et vous rendre compte de ce que peuvent représenter les différents points que vous avez jalonnés. Le mieux sera ensuite de revenir sur chacun des points pour vous assurer qu'ils ne sont pas erronés, en refaisant le chemin les yeux bandés.

Ensuite, placez-vous au milieu des deux points moyens que vous avez repérés. Si la baguette se lève dans un sens et se baisse dans l'autre, c'est bon signe. Le fait est que vous êtes probablement au-dessus d'un cours d'eau souterrain. Il est possible qu'entre les plans moyens vous n'ayez pas de réaction. Il faudra en chercher d'autres, car il se peut que vous vous trouviez entre les plans de profondeur d'autres veines d'eau situées à des profondeurs différentes. Si c'est le cas, il faudra recommencer jusqu'à l'obtention d'un plein succès.

Que représentent les quatre points jalonnés ? Entre ces points, la baguette doit se lever vers l'amont et se baisser vers l'aval. Les deux points extrêmes sont la projection sur le sol des plans ou points de profondeur. Par conséquent, la profondeur de l'eau dans le sol sera moindre sur les plans extrêmes, à proximité des deux points du milieu.

Voici une méthode que le père Bouly a élaborée pour localiser une rivière ou une fontaine souterraines à l'aide de la baguette : en premier lieu, regardez en direction du soleil, même par temps couvert. Vous traverserez le rayon que fait le soleil sur le sol tout en circulant dans le terrain à prospecter. Au moment où vous serez au croisement du rayon solaire et du cours d'eau souterrain, la baguette réagira. Par cette méthode, il suffit de suivre avec la baguette le rayon solaire en direction de la source pour la trouver. Le rayon solaire sert d'onde porteuse, exactement comme l'a fait notre rayon mental dans la méthode précédente.

La méthode du vicomte Henry de France, celle du plan magnétique nord-sud, convient aussi dans la recherche d'une source d'eau souterraine, mais, pour débuter, vous n'utiliserez que la première méthode de travail plus simple et plus rapide.

La baguette réagira à plus ou moins grande distance, selon votre état de sensibilité. Cette distance peut atteindre plusieurs kilomètres si vous êtes très sensible. Avec beaucoup d'expérience, on parvient à évaluer la distance à laquelle se trouve cette source en levant plus ou moins la baguette sur un axe entre la ceinture et les yeux. Plus il faudra lever la baguette avant qu'elle réagisse, plus la source sera éloignée.

Le pendule apporte la précision

Si vous voulez plus de précision, recommencez toutes les opérations avec le pendule, car il est plus exact que ne l'est la baguette.

Mertens, notre maître en la matière, recommande ce qui suit : sur le terrain, au lieu approprié, étendez le bras gauche vers l'avant avec l'index tendu en antenne, le pendule réglé dans la main droite. Aussitôt que l'index aura rencontré le plan de vibration de l'eau, le pendule réagira soit en pesant plus lourd puis en tournant, soit en tournant seulement. Si vous avancez de nouveau dans la direction de ce plan, avec le pendule de nouveau en attente, vous devez retrouver chacune des zones d'action que vous avez déjà enregistrées avec la baguette. N'oubliez pas que lorsque vous êtes directement au-dessus du cours d'eau souterrain, votre pendule tourne contre le courant et oscille dans le courant. Ensuite, selon la méthode préconisée par le vicomte Henry de France, recommencez le travail les yeux fermés, en reculant, avec précaution et à petits pas.

Déterminer la profondeur

Jadis, il était d'usage parmi les sourciers d'évaluer la profondeur de la source à l'aide d'un fil. Une fois les deux rives de l'eau localisées, ils étendaient sur le sol un fil végétal ou métallique en l'isolant du sol de façon rudimentaire. Ils faisaient alors réagir la baguette ou le pendule en les promenant au-dessus du fil.

Ces réactions se produisent également sans le fil. L'extrémité du fil de dérivation peut être fixé à un aimant afin de créer une onde porteuse. Certains radiesthésistes relient le milieu de l'aimant au sol par un fil de cuivre isolé et une baguette d'aluminium légèrement enfoncée dans le sol.

Sachez aussi que l'eau souterraine donne différentes radiations qui l'entourent en forme de plans. Le plan perpendiculaire est une zone de forme cylindrique qui entoure la veine d'eau et produit, à la verticale, une tangente, une onde. Ce plan de profondeur procède d'un cylindre identique que vos instruments captent à la sortie du sol, ce qui fait dire que le courant d'eau donne une radiation formant avec le plan vertical tangent, ou plan perpendiculaire, un angle de 45°. Ce sont donc deux plans qui se coupent à 45°.

Théoriquement, la profondeur correspond à la distance qui, à la sortie du sol, sépare les deux plans, perpendiculaire et de profondeur. Il s'ensuit que, dans le cas où la source monte verticalement au lieu de courir horizontalement, les cylindres qui entourent la veine d'eau apparaîtront à la surface du sol sous la forme de deux cylindres concentriques. Tout cela nous permet d'identifier sur le terrain le type de source repéré. Mais il existe souvent des obstacles qui nous empêchent de tracer sur le sol le septième plan ou plan de profondeur (par exemple, terrain boisé).

Formule pratique : pour obtenir la profondeur recherchée, on multipliera par 9 la distance qui sépare le plan perpendiculaire du plan de profondeur. Toutefois, le chiffre obtenu n'est exact qu'en théorie, car dans un sous-sol homogène, il se trouve souvent des pierres calcaires et de l'argile qui font dévier le plan et faussent les données obtenues par le radiesthésiste.

Les anciens sourciers utilisaient un moyen extrêmement simple pour évaluer la profondeur à laquelle se trouve la veine d'eau. Il s'agit d'une méthode entièrement mentale : en premier lieu, formez dans votre esprit une échelle de base métrique, 1 mètre, 2 mètres, 3 mètres... avec le pendule en position de travail. Lorsque vous parvenez à la profondeur de l'eau, le pendule réagit. Comment ? C'est un mystère. Lorsque le pendule a réagi à l'échelle métrique, recommencez avec une échelle au centimètre. N'oubiez pas de désimprégner vos instruments après chaque opération radiesthésique.

COMMENT ÉVALUER LA PROFONDEUR D'UN PUITS ?

Demandez à quelqu'un de vous mener à un puits que vous ne connaissez pas. Dans la main qui tient le pendule prenez un témoin d'eau et placez l'autre bras en antenne. Vous pourrez déterminer la profondeur de l'eau comme vous l'avez fait pour trouver la distance « Chaque giration du pendule représente un mètre de profondeur. » Souvenez-vous qu'avant de commencer la prospection des sources souterraines, il faut effectuer de nombreuses expériences comme celles décrites ici. Le pourcentage de réussites doit être assez élevé avant de se lancer réellement dans la recherche de sources.

COMMENT CONNAÎTRE UNE PROFONDEUR INCONNUE ?

Pour cette expérience, on peut procéder de la même façon que pour la recherche de la profondeur de l'eau dans un puits. On choisira une rivière dont les rives sont faciles d'accès. On marquera ensuite un point de la rivière qui nous servira de référence, puis on se placera aussi loin que possible de ce point afin de ne pas être tenté de s'aider de la vue pour évaluer la profondeur du cours d'eau. Établissez en premier lieu le « contact » avec le point de référence en adoptant la convention mentale suivante : « Je veux que mon pendule tourne lorsqu'il sera en contact avec le point choisi. » Ce résultat obtenu, il faut changer de convention mentale pour déterminer la profondeur que l'on veut connaître. Chaque giration du pendule correspondra à un mètre. S'il tourne quatre fois, la profondeur sera de 4 mètres. S'il s'arrête entre le quatrième et le cinquième tour, cela signifie que la profondeur est comprise entre quatre et cinq mètres. Mertens recommande de prendre une convention mentale supplémentaire établissant une échelle au centimètre près. Pour vérifier le résultat obtenu par radiesthésie, il suffit de sonder le fond du cours d'eau.

COMMENT S'ASSURER QUE L'EAU EST POTABLE ?

Il arrive qu'en repérant une nappe phréatique, la baguette s'oriente alternativement vers le haut et le bas. Cela signifie qu'il existe deux courants d'eau. Vous aurez évidemment la tâche de choisir l'endroit le plus propice pour creuser le puits, au croisement des deux courants ou sur un seul. Il faudra pour cela prendre de nombreuses mesures. Vous aurez aussi le choix de la qualité de l'eau, selon que vous cherchiez de l'eau potable ou de l'eau d'arrosage.

Étudions le moyen d'en connaître la qualité, et en premier lieu, voyons si la qualité de l'eau vous convient personnellement. En utilisant le témoin que vous vous êtes procuré, faites tourner le pendule sur le dessus de votre main gauche puis, sans le désimprégner, présentez le au-dessus de la source. Si le pendule conserve le même sens giratoire, l'eau est présumée bonne. Si le pendule se met à balancer, l'eau est de qualité inférieure, sans être mauvaise. En revanche, si le pendule se met à tourner dans l'autre sens, il faut éviter de consommer cette eau. Il se peut aussi que cette eau ne vous convienne pas personnellement ; elle peut être mauvaise pour vous et bonne pour d'autres. C'est le cas des eaux de cure. Rappelons que cette méthode est rudimentaire et qu'elle ne peut présenter de conclusion définitive.

L'ingénieur Mertens recommande une autre méthode qui se pratique à l'aide de filtres de couleurs différentes placés entre le pendule en mouvement et la surface du sol. L'eau est bonne à la consommation s'il y a syntonie entre elle et le filtre violet-lilas, autrement dit, si le pendule conserve son mouvement pendant l'interposition de ce filtre. Plus le ton du violet est clair, meilleure est l'eau. Inversement, elle est d'autant moins bonne que le filtre est plus foncé.

Voici la liste que Mertens a dressée pour orienter vos recherches qualitatives de l'eau :

violet très clair	eau très pure
violet clair	eau pure
violet lilas	eau normale
violet foncé	eau impropre à la consommation
violet bleuté	eau à ne pas consommer
gris foncé	eau douteuse
rouge	eau ferrugineuse

De même, la longueur du champ radiesthésique de l'eau peut donner une idée de sa qualité. Sans aimant ni circuit oscillatoire, prenez la mesure du champ d'action avec un mètre ordinaire. L'eau est potable lorsque la longueur du champ d'action est supérieure à 60 centimètres. Inversement, il faudra se méfier de cette eau si la longueur est inférieure.

LA PROSPECTION DES EAUX THERMALES

Effectuez cette opération avec un témoin mental en tête ou bien des témoins adaptés aux circonstances. Il est possible de déterminer la température de l'eau en comptant mentalement. On peut aussi faire tourner le pendule au-dessus de la source souterraine et en le déplaçant dans un mouvement de translation au-dessus de la règle. Le pendule changera de mouvement au moment où il passera au-dessus du chiffre indiquant la température. Rappelons que l'échelle de mesure est arbitraire et peut représenter des degrés, des centimètres comme des mètres. On peut effectuer cet exercice les yeux fermés. Seules les personnes déjà bien avancées dans les techniques radiesthésiques peuvent effectuer ce type de recherches.

Avec des témoins appropriés, vous pourrez définir la qualité des eaux, qu'elles soient gazeuses, radioactives ou minérales.

La méthode dite des séries donne d'excellents résultats pour identifier les eaux, déterminer si elles sont potables ou non, définir leurs qualités. Une eau est potable en série 7. Au-dessous de ce chiffre, on la considère comme non potable.

Comment connaître le débit d'une eau souterraine ?

Il est évident que l'un des problèmes les plus délicats à résoudre en radiesthésie est sans doute celui d'établir le débit approximatif des eaux souterraines. Pourtant, c'est une question essentielle. En effet, le forage d'un puits artésien est une opération difficile et coûteuse. Ce serait un échec pour le radiesthésiste si le débit de la source découverte s'avérait insuffisant.

La classification des types de débits est la suivante :
- débit faible ;
- débit moyen ;
- débit fort.

Pour déterminer le type de débit, on se base sur l'amplitude des oscillations ou des girations du pendule, ou bien sur l'énergie des sautes de la baguette, en tenant compte, bien sûr, de la sensibilité propre du radiesthésiste. On peut aussi compter le nombre d'oscillations ou de girations du pendule avant qu'il change de sens. Il en va de même du décompte des mouvements de la baguette.

Comme ces indications sont presque toujours insuffisantes, le vicomte Henry de France préconise le procédé de la boussole. À un certain moment, l'instrument radiesthésique réagira, soit immédiatement (débit faible) soit après de nombreux tours autour de la boussole ou de l'aimant (débit fort). Là le problème se complique, car il faut établir un barème personnel, différent pour chacun, dépendant essentiellement de la sensibilité radiesthésique de chaque personne. Vous établirez un coefficient multiplicateur d'autant plus grand que sera grande votre sensibilité.

Naturellement la nature du terrain influe sur la rapidité du courant et donc sur son débit. S'il coule entre des roches, sa vitesse sera plus grande que s'il coule en terrain sableux ou argileux. M. Larvaron, expert en radiesthésie, signale des coefficients fixes multiplicateurs qui peuvent s'appliquer aux méthodes déjà citées, selon le terrain où l'eau coule :
- terrain rocheux, 0,5 ;
- terrain sablonneux ou arable, 0,2 ;
- terrain argileux, 0,1.

Avant de forer un puits, il faut aussi tenir compte du fait que le débit varie aussi d'un endroit à l'autre du cours d'eau.

Les images magnétiques

Au cours de vos recherches sur le terrain, méfiez-vous des diverses sources d'erreurs dont la principale est sans conteste la présence d'images magnétiques. Ce sont les reflets de l'objet que l'on recherche dus au tellurisme et à l'état magnétique de l'atmosphère. Par temps de pluie, ces images sont courantes et se reflètent à grande distance et en nombre parfois impressionnant. Il est surprenant de voir comme toutes les caractéristiques de l'eau ou du corps recherché apparaissent au lieu où se répercute l'image.

Que faire pour neutraliser ces images ? Il existe différents moyens : l'utilisation de ce que l'on appelle des neutralisateurs d'images dont l'emploi est très délicat, le papier noir mat et les sceaux de Salomon (deux triangles isocèles entrelacés) qui constituent d'excellents émetteurs d'ondes, ou simplement le fait de poser sur le sol un morceau de fer ou d'acier, etc.

On peut également retenir sa respiration. Dans ce cas, le pendule s'arrêtera en présence d'une image ; il continuera de tourner si l'on se trouve réellement au-dessus de l'eau ou de l'objet recherché. Cependant, la meilleure des neutralisations sera de nature cérébrale, par la sélection mentale. Il est important de ne pas confondre image mentale et image magnétique. L'image mentale se produit dans le cerveau et dans le lieu qui nous paraît le plus adéquat.

Il y a d'autres erreurs dues à soi-même, en particulier l'autosuggestion... Nous devons éviter celle-ci à tout prix, en travaillant sans relâche et avec enthousiasme.

Les prospections minières

La méthode de prospection minière est semblable à celle de l'eau, du moins pour ce qui est de la localisation. Toutefois, il faut savoir que les minéraux sont complexes, constitués de corps différents et qu'il ne s'agit pas, par exemple, de trouver de l'argent en utilisant un témoin d'argent pur. Aussi, les précautions à prendre par le radiesthésiste sont-elles doubles : se munir du témoin approprié et vérifier le résultat des recherches par d'autres moyens. Pour trouver du galène, par exemple, il vous faut un témoin de galène. Ensuite, vous noterez la série du galène et celle du témoin.

Pour vérifier plus à fond la nature du minéral, vous tiendrez aussi compte du rayon fondamental ou de l'azimut du corps recherché. Avec ce rayon, vous obtiendrez un rayon moyen ou une série des divers rayons des corps simples composant ce minéral.

Par le biais de nombreuses sondes radiesthésiques, et par les méthodes des témoins, vous pourrez connaître l'ampleur du gisement minéral, sa profondeur, sa teneur, etc.

Pour la mesure exacte de la profondeur du gisement, sachez que les filons peuvent se superposer les uns aux autres sur plusieurs couches.

En vous aidant de la loi des semblables et des proportions, vous pourrez évaluer la richesse du filon, mais ce ne sera qu'une approximation. Cependant, la surface du gisement vous donnera une indication quant aux minéraux contenus dans le sous-sol.

Rappelons que l'or est un métal fugace par excellence, du fait qu'on le trouve dans les alluvions. Il peut produire jusqu'à onze images.

Des trésors occultes

La recherche des trésors occultes se fait selon les méthodes de prospection déjà décrites antérieurement, en tenant compte du phénomène de rémanence qui survient extrêmement couramment. Il s'agit de la trace laissée par le contact prolongé ou par le passage d'un corps et qui en donne toutes les caractéristiques.

Un trésor, or, argent ou autre métal, qui a été enterré pendant un temps plus ou moins long, même s'il a été retiré, continue de se refléter sur les instruments radiesthésiques. Pour remédier à ce problème de rémanence, on peut utiliser une pointe d'acier que l'on tient dans la main droite, dirigée vers le lieu d'où provient l'émanation. Le pendule ou la baguette cesseront de bouger s'il s'agit d'une rémanence, tandis qu'ils poursuivront leur mouvement dans le cas contraire.

Les métaux purs ont également la propriété d'entrer en résonance avec l'une ou l'autre des couleurs du spectre solaire. Le professeur Mertens nous donne comme indication la liste suivante :

rouge	fer
noir	plomb
violet	aluminium
vert	cuivre
orangé	zinc
bleu	étain
indigo	antimoine
blanc	argent
jaune	or

La chromoradiesthésie traite plus amplement de ce sujet.

Les cavités, les galeries souterraines, les failles et les grottes

La recherche de cavités se pose souvent au radiesthésiste. Il faut se méfier des mauvaises émanations qui accompagnent souvent les émissions de radiations provenant de souterrains, en particulier d'anciennes caves ou de galeries désaffectées. En arrivant sur les lieux d'une cavité souterraine, la baguette descend fortement. En marchant en zigzags vous arriverez sans grande difficulté à tracer sur le sol les contours de la cavité.

Quant au pendule, il semble s'alléger puis, brusquement, il se met à tourner en sens inverse des aiguilles d'une montre. Lorsque vous parvenez au côté opposé de la cavité, le pendule se balance de nouveau et semble indiquer par son mouvement longitudinal l'autre bord. Le témoin mental convient très bien dans ces cas.

Les failles, qui sont des fractures de l'écorce terrestre avec glissement d'une des deux lèvres le long de l'autre, ionisent l'air, et on a souvent constaté qu'en retombant, le rayon s'arrête précisément à l'endroit où se trouvent des failles. Les diaclases, fissures dans les couches sédimentaires mais sans déplacement, peuvent aussi être découvertes grâce au pendule ou à la baguette.

Le témoin vide, fiole ou toute autre sorte de contenant, vous indiquera l'emplacement d'une grotte ou d'une caverne. Sur le sol, vous placerez les jalons marquant l'étendue des cavités. Un témoin d'eau vous signalera les endroits de la cavité où l'on trouve de l'eau.

La profondeur des divers types de cavités peut être prise en différents endroits, grâce au plan de profondeur ou grand parallèle. Sachez, cependant, que toutes ces recherches de grottes et de cavernes ne sont pas recommandées aux novices, car ils peuvent commettre de graves erreurs. Il vaut mieux qu'ils s'exercent d'abord sur la caisse de sable où il leur sera facile de vérifier ce qu'ils ont détecté, sans compromettre la réputation des radiesthésistes. N'oubliez pas que la radiesthésie doit donner lieu à un entraînement régulier et quotidien.

La recherche des disparus

La radiesthésie permet aussi la recherche de personnes disparues. Méfiez-vous cependant des erreurs que peuvent entraîner ce type de recherches. Comme le signale Michel Moine, lorsqu'une personne disparaît, on ne fait jamais immédiatement appel au radiesthésiste, de sorte que le jour où l'on se décide, les gens mis au courant de la disparition sont déjà très nombreux. Or, chacune de ces personnes a sa propre idée sur le sujet et, consciemment ou non, chacun fait ses propres suppositions. Il en résulte que si le radiesthésiste n'a pas la sagesse ou la capacité de s'isoler au plan mental, il capte des hypothèses émises par les personnes en question. Michel Moine indique qu'il existe cependant de nombreuses possibilités de réussite, « à condition que le radiesthésiste se concentre intensément sur l'objet de sa recherche, adoptant une convention mentale intense et précise. »

Le témoin peut être une photographie du disparu ou un objet lui ayant appartenu (vêtement, montre, etc.). On peut aussi opérer sur une carte géographique ou un plan. La convention mentale peut être la suivante : « Si le disparu se trouve en un lieu situé sur ce plan, mon pendule oscillera dans sa direction. » Ensuite, on changera de convention mentale, selon les résultats obtenus. N'oubliez pas de tenir le témoin dans la même main que le pendule. La technique est la même que lorsque l'on cherche à localiser un objet volé ou perdu, une adresse ou une personne disparue.

Les mystérieuses ondes nocives

La définition radiesthésique des ondes nocives est la suivante : les ondes nocives proviennent en général du sous-sol, de certains objets ou de cours d'eau qui provoquent un déséquilibre vibratoire. Les ondes nocives ont d'abord été décelées par les radiesthésistes, puis leur existence a été mise en évidence par des appareils scientifiques.

Récemment, quelques médecins se sont penchés sur l'étude de ces ondes et de leurs effets. C'est le cas du docteur Camille Larvaron qui, dans sa thèse de médecine intitulée « Les influences telluriques nocives », se pose les questions suivantes.

- « Pourquoi la végétation ne pousse-t-elle pas, ou très peu dans certains lieux, toujours les mêmes ? »

• « Quel vétérinaire ne s'interroge pas sur la fréquence à laquelle se répètent certains types d'accidents, toujours les mêmes, quelles que soient les mesures prises ? »
• « Il y a des maisons où l'on dort mal, certaines qui ont vu des générations se succéder et toujours être victimes d'affections graves. Cela fait un certain temps que l'on discute des maisons, quartiers, et même de bourgades entières où les cancers sont plus fréquents. »

Les faits relatés par le docteur Larvaron, ont été démontrés scientifiquement.

À l'aide du pendule ou de la baguette, les radiesthésistes mettent facilement en évidence les émanations nocives qui se dégagent du sol dans les lieux où les arbres sont morts. Il est donc prudent de demander à un radiesthésiste de faire l'examen de l'emplacement des lits, des bureaux ou autres lieux dans lesquels on est appelé à vivre longtemps. Cette précaution est d'autant plus importante lorsqu'une maladie nous menace, si nous nous sentons oppressés ou si nous souffrons d'insupportables insomnies. L'asthme est souvent la manifestation d'un séjour prolongé en présence d'émanations nocives. Tout le monde n'est pas forcément atteint par ce type d'ondes, mais si l'on présente des dispositions à contracter une maladie, celle-ci se déclarera immanquablement.

Les émanations nocives peuvent se présenter sous différentes formes. On sait que les anciens se protégeaient des influences telluriques maléfiques. Dans une étude très documentée, le docteur Regnault, grand voyageur et expert en radiesthésie, nous expose les précautions prises par les Chinois pour se prémunir contre les « mauvais esprits » telluriques. « En Chine, on ne construira pas une maison sans faire examiner préalablement par un bon sourcier le sol et le sous-sol. » Il semble que les Égyptiens aient précisément choisi des lieux marqués par des ondes maléfiques pour construire leurs pyramides, peut-être pour protéger les incroyables trésors enfouis, particulièrement tentants pour les pilleurs de tombes.

COMMENT SE PROTÉGER DES ONDES NOCIVES ?

Comment se défendre des influences des lieux ensorcelés, des maisons maudites, des lieux où les « ondes nocives » causent de véritables hécatombes ? Tout d'abord, on déterminera, grâce à la baguette ou au pendule si une personne réside sur une zone où se dégagent des ondes nocives.

Faites étendre la main de la personne, la paume dirigée vers le haut. Maintenez le pendule à 20 centimètres au moins (afin d'échapper aux ondes horizontales, ou ondes magnétiques), au-dessus de la main. Généralement, le pendule réagit en tournant dans le sens contraire des aiguilles d'une montre, et la baguette, par un mouvement descendant. En opérant de la sorte, vous ne capterez que l'onde électrique verticale sur laquelle se greffent les ondes nocives.

Les éléments capables d'engendrer des ondes nocives sont les perturbations telluriques, les failles et diaclases, les égouts et les conduites d'eau sale, ainsi que certaines rivières souterraines.

Pour se protéger des ondes nocives, pour les amortir ou les dévier, on peut utiliser une huile minérale, des solénoïdes ou des écrans, le soufre et le charbon, etc. Enfin, le docteur Roux, de Vichy, recommande de ne pas se laisser obnubiler par les ondes nocives, car les probabilités de contracter une maladie restent faibles.

La radiesthésie agricole

La radiesthésie peut, sans aucun doute, rendre de grands services à l'agriculture. La culture intensive pratiquée de nos jours oblige le cultivateur à une très grande attention. Ce n'est un secret pour personne que tous les engrais ne conviennent pas à toutes les terres et que les plantes ne poussent pas aussi bien sur tous les sols. Dans l'état actuel de nos connaissances et des progrès scientifiques, la radiesthésie permet une bonne sélection des graines et des plantes, un dosage adéquat des engrais, le calcul exact de l'orientation à donner aux jeunes plantes.

À l'aide du pendule ou de la baguette, si vous savez interpréter leurs mouvements, vous pouvez reconnaître avec certitude une bonne terre pour une plantation donnée, le type d'engrais qui convient, la puissance de germination des semences, la vitalité des plantes et leurs maladies. Vous saurez déterminer, grâce à la résonance entre la terre et les semences, la plantation et l'ensemencement les plus propices. Pour cela, présentez le pendule réglé au-dessus de la terre. Si l'instrument tourne, la terre est bonne. S'il passe de la giration à l'oscillation, la terre est passablement bonne. Enfin, s'il tourne dans le sens des aiguilles d'une montre, puis change de sens et tourne dans l'autre sens, c'est que la terre ne convient pas. La baguette avec ses mouvements synchrones ou non vous donnera les mêmes indications.

Nous donnons ci-dessous les longueurs de champ magnétique de certaines graines et plantes (Mertens) :

pommes de terre	16 à 50 centimètres
blé	13 à 15 centimètres
avoine	5 à 8 centimètres
maïs	21 à 27 centimètres
haricot	10 à 14 centimètres
pois	18 à 22 centimètres
radis	4 à 6 centimètres
betteraves	6 à 9 centimètres

Rappelez-vous que toute diminution de longueur de ces champs magnétiques implique une diminution de la vitalité. Plus le chiffre est élevé, meilleur est le résultat de la germination.

Des filtres de couleur, ou simplement des papiers colorés, donnent également de bonnes indications sur la vitalité des graines et des plantes. On place le filtre entre la baguette ou le pendule et les témoins de la semence ou de la plante. Si le mouvement de la baguette ou la giration du pendule persistent :
– sur le gris, le sujet est très vivace ;
– sur le rouge, le sujet dispose d'une bonne vitalité ;
– sur l'orange, il a une vitalité moyenne ;
– sur le jaune, sa vitalité est faible.

Diagnostiquer les maladies

Le pendule permet aussi de diagnostiquer l'état de santé de tous les végétaux, arbres, plantes, légumineuses et tubercules. Si vos connaissances en matière d'agriculture et d'arboriculture sont suffisantes, vous pourrez utiliser la sélection mentale et chercher l'origine du mal. Vous pouvez aussi opérer par syntonie, par le biais de témoins, bien que cette recherche-là soit plus longue et plus complexe. Par résonance, on peut aussi trouver la dose de remède qu'il faut appliquer.

La radiesthésie médicale

Il est évident que médecins et radiesthésistes ne font pas bon ménage. Pourtant, il y a d'heureuses exceptions. Il existe à Paris une association très importante de médecins radiesthésistes. De nombreux médecins pratiquent la radiesthésie en Belgique, Allemagne, Italie, Espagne et aux États-Unis.

Le médecin comme le radiesthésiste établissent les diagnostics et prescrivent les remèdes d'après l'expérience de leurs prédécesseurs. Cependant, très souvent, le radiesthésiste avoue sans détours qu'il est responsable d'un manque de collaboration bien comprise entre lui et les médecins. Il faut reconnaître qu'à peine formé, et même sans l'être, certains pseudo-radiesthésistes pontifient, se croient devenus médecins, diagnostiquent des maladies et des tares physiques et, ce qui est plus grave, prescrivent des panacées et font beaucoup de tort à la profession.

Attention... La loi protège la faculté et les radiesthésistes n'ont pas le droit de pratiquer la médecine. La radiesthésie peut apporter d'indéniables services au médecin, mais c'est au médecin de décider s'il accepte ou non cette aide.

On doit les débuts de la radiesthésie médicale à l'illustre abbé Mermet. Vers les années 1905-1906, ce célèbre radiesthésiste pensa que si l'on pouvait connaître, à partir de la surface du sol, la circulation des eaux, le sens du courant et les anomalies possibles, il devait en être de même pour les artères, la chair, les nerfs, les os, etc., dans la mesure où il existe un certain nombre d'analogies entre le corps des êtres vivants et la géologie.

En 1919, l'abbé Mermet fut rejoint par l'abbé Racineux qui pensa même qu'il avait fait un pacte avec le diable. Mermet travailla sur le corps humain et ne tarda pas à créer un diagnostic pendulaire, ce qui lui valut une condamnation par le tribunal de cassation de Lausanne en 1935 pour pratique illégale de la médecine. Pourtant, Mermet ne travaillait jamais sans la présence d'un médecin, et c'est le tribunal d'Aigle qui « blanchit » le grand radiesthésiste. N'oublions pas que le père Mermet était à l'époque président de l'association internationale des radiesthésistes. Après ces accusations injustes, les membres de l'association, à laquelle étaient affiliés plus de deux cents médecins, envoyèrent une lettre de protestation au président et aux juges du tribunal fédéral suisse, lettre signée en particulier par le docteur Foveau de Courmelles.

Des médecins de renom se sont intéressés à la radiesthésie, grâce aux fascinants travaux du père Mermet. Beaucoup d'entre eux s'inclinèrent devant la radiesthésie médicale et ont repris pour leur compte ses possibilités et ses promesses.

Pour en revenir au père Mermet, signalons qu'il ne travaillait qu'avec le pendule. Il utilisait la méthode des séries. Chaque partie ou fonction du corps humain possède un chiffre de série spécifique :

squelette	9
muscles	11
circulation	15
système nerveux	11,5

Il en va de même des organes :

cerveau	20
cœur	12
poumons	10
estomac	7
foie	11
reins	14

« Ces chiffres, nous dit le père Mermet, sont fixes et ne varient pas ni par individu ni avec l'état de santé. » En revanche, chacun de ces organes ou systèmes possède un second chiffre qui varie de 1 à 10, selon l'état d'avancement de la maladie ou l'état de santé. Un organe en bonne santé sera affecté du chiffre 10. L'état de santé est moins bon à mesure que diminue la valeur du chiffre.

LA MÉTHODE DE L'ABBÉ MERMET

Au début de son travail, l'abbé Mermet, connaissant la première série de chiffres, portait son index devant le corps du malade, à 15-30 centimètres, tenant dans la main droite le pendule au-dessus du malade. Lorsque l'index passait au-dessus d'un organe malade, le pendule changeait de mouvement. « Je souffrais d'une répulsion d'autant plus forte que la maladie était grave.

Le pendule traçait dans l'air comme une boucle qui venait se fermer sur l'endroit malade. »

Il est juste de reconnaître que peu de radiesthésistes peuvent faire un pareil travail, car seuls le savoir et la sensiblité extraordinaire du père de la radiesthésie lui permirent de posséder sa propre méthode. Par la seule force de son travail mental, il pouvait se passer de témoin.

S'il y a lésion, la profondeur de celle-ci est indiquée ainsi : plus on doit approcher l'index du corps du malade avant la réaction, plus le mal est profond.

À cet égard, l'ingénieur Mertens raconte l'anecdote suivante qui s'est passée au Cercle de Bruxelles. M.D. de D., qui montrait son sceptcisime aux réunions se leva un jour et dit :

- « J'entends qu'on parle d'expériences..., mais j'aimerais assister à l'une d'elles qui soit concluante. J'ai dans le corps une balle de fusil. Monsieur le président, pouvez-vous la situer ? Si vous y parvenez, je serai convaincu. »
- « La chose est très facile » répondit Mertens, président de la fédération belgo-luxembourgeoise des associations de radiesthésie. Et en un rien de temps, il localisa la balle entre deux côtes du côté gauche.

D'autres radiesthésistes ont établi des méthodes complètement distinctes de celle du père Mermet. Il en va ainsi du docteur Leprince qui créa une méthode fondée sur les rayons lumineux de couleur et leur syntonie de vibrations avec tel ou tel organe. S'il y a dysharmonie, ce que l'on constate avec le changement de mouvement du pendule, lequel est transparent, en cristal et prismatique, l'organe est malade.

Jacqueline Chantereine et M. Mager ont inventé une méthode de diagnostic proche de celle du docteur Leprince.

Pour sa part, le révérend père Bourdoux, ancien missionnaire au Mato Grosso, écrivit un ouvrage spécialement destiné aux soins des mineurs. Il s'agit d'un véritable traité de radiesthésie médicale simplifiée et de traitement par les plantes, le principe de syntonie servant à établir le diagnostic.

L'une des méthodes les plus en vogue parmi les radiesthésistes et qui, de toute évidence, est très bien conçue, est celle du pharmacien M. Lesourd. Il utilise comme base le champ magnétique qui entoure chaque personne.

En cas de maladie, ce champ est perturbé, dans des conditions déterminées selon la nature du mal.

Le radiesthésiste français Brochenin utilisait les rayons fondamentaux pour le diagnostic et la thérapeutique. Souvent il associait sa pratique à la méthode des séries du père Mermet.

D'autres, comme le fameux Georges Discry, préfèrent établir leur diagnostic médical par l'étude de la colonne vertébrale, certaines maladies pouvant être enregistrées au niveau des vertèbres.

La radiesthésie contribue également à évaluer l'effet d'un médicament et son dosage éventuel. Nous en venons ici au domaine de la radiesthésie thérapeutique qui se pratique selon la loi des semblables, par syntonie entre le malade et le médicament, entre l'organe attaqué et le médicament. Bien que la radiesthésie médicale en soit encore à ses débuts, elle permet déjà de découvrir une maladie avant même qu'elle ne se déclare, à un moment où l'étude clinique du cas ne peut encore révéler son existence. Hélas, il y a tant de radiesthésistes peu scrupuleux que les médecins sont nombreux à se méfier de cet art et qu'ils ont tendance, malheureusement, à l'assimiler à la sorcellerie ou à charlatanerie. Là encore, le préjudice ne va pas tant à la radiesthésie qu'aux personnes qu'elle pourrait aider.

Le manque d'espace nous empêche de poursuivre ce fascinant sujet de la radiesthésie médicale. Remarquons, cependant, que le docteur Derenne la Mazière, de Liège, secrétaire perpétuel de l'Académie des sciences radiesthésiques de Belgique, a édité un ouvrage intitulé *Radiesthésie médicale* dans lequel il expose les principes et fondements du diagnostic et du traitement pendulaire.

La médecine vétérinaire radiesthésique

La médecine vétérinaire radiesthésique est aussi utilisée par la quasi-totalité des radiesthésistes, car elle rend d'inestimables services dans les exploitations agricoles. Sa pratique est semblable à celle de la radiesthésie médicale pour l'homme. Le père Bouly, curé de la paroisse d'Hardelot, l'utilise avec grand succès depuis de nombreuses années.

Les récentes découvertes du fameux radiesthésiste marocain, M. Baradet, professeur au Lycée de Casablanca et président du Cercle radiesthésiste de la ville, sont appelées à rendre de grands services dans le domaine médical. Baradet se rendit compte, durant ses investigations, que non seulement les matières inorganiques et minérales possèdent une radiation fondamentale, mais encore que cette propriété s'applique aussi aux êtres vivants. Selon M. Baradet, tout être possède ce qu'il appelle un « plan de vibration individuel ». Tandis que le rayon fondamental d'un corps inerte peut varier suivant l'état magnétique terrestre ou cosmique, le plan de vibration individuel paraît fixe, sans déviation. On décèle ce plan à l'aide de la baguette ou du pendule. Baradet donne en plus une série de différents moyens pour percevoir l'existence réelle du plan de vibration individuel.

La chromoradiesthésie

Nous pouvons discerner à l'œil nu certaines émissions du spectre électromagnétique solaire. Le professeur Lakhovsky dit que la radiesthésie nous permet de détecter certaines propriétés des couleurs du spectre et de les utiliser dans nos recherches. La couleur d'un corps dépend de son pouvoir d'absorption de la lumière. Celui-ci dépend de la nature du corps étudié ainsi que de la nature du rayon lumineux. On sait que la réfraction d'un rayon lumineux de couleur donne naissance à des rais de couleurs différentes de la couleur originale. Un objet de couleur mis en présence d'autres objets de couleur peut perdre sa tonalité spécifique. En partant de ces bases théoriques, certains radiesthésistes ont composé des disques de différentes couleurs réparties en zones inégales sur un cercle de 360°.

M. Mellin est sans doute le radiesthésiste ayant le plus approfondi la chromoradiesthésie. Il répartit les couleurs visibles du spectre solaire entre 0 et 180° et celle du spectre dit obscur de 180 à 360°. D'autres ont adopté une disposition différente, bien que toutes soient également arbitraires. Peu importe, les disques de couleur rendent de précieux services à ceux qui les utilisent.

Mertens dit que les couleurs ont sur notre organisme des effets bien déterminés, tant sur le plan physique que psychique. Ces effets changent d'une personne à l'autre. Il en va de même pour les animaux et les végétaux. L'action des couleurs peut se faire sentir parfois de façon lente et pernicieuse, d'autres fois, de manière violente. Cette action peut aussi être adoucie par un mélange de couleurs différentes ou par association de l'« antidote », à savoir la couleur complémentaire. La baguette et le pendule vous permettront de discerner les couleurs convenant ou non à tel organisme ou tel tempérament. Or, l'action des couleurs varie d'un individu à l'autre. C'est une question de constitution, de tempérament et d'état pathologique.

La polarité radiesthésique

La chromoradiesthésie offre une excellente occasion de s'exercer. En recherchant la polarité radiesthésique, on s'apercevra de ce que :
- le rouge, l'orangé et le jaune sont positifs ;
- le bleu ciel, le bleu indigo et le violet sont négatifs ;
- le vert, le noir et le blanc sont neutres.

Par la loi dite de sympathie et de résonance, vous rechercherez le lien entre certaines couleurs et les organes du corps humain ou celui de l'animal. De la même manière, vous chercherez l'éventuelle absence de résonance. Vous ferez de même pour les végétaux, les matières inorganiques, minérales et métalliques. Ces investigations peuvent se faire sur des disques de couleur grâce à une lanterne munie de filtres de différentes couleurs ou de témoins de toutes les couleurs. Les ondes de couleur ont un impact sur l'organisme humain :
- le rouge réveille l'instinct de violence ;
- l'orangé instille un sentiment de tristesse, de timidité, d'incertitude ;
- le jaune exerce une action sur le mental ;
- le vert est nocif ;
- le bleu a une action sédative et calme les nerfs ;
- le bleu indigo inspire un sentiment de repos ;
- le violet semble créer un sentiment de vide et de tristesse.

La méthode servant à déterminer les couleurs bénéfiques ou préjudiciables à une personne est toujours la même : réglez le pendule au-dessus de la main et cherchez par syntonie la couleur qui convient. Une giration dans le même sens sur la couleur et sur la personne indique une couleur favorable. Un changement de mouvement, rotation ou oscillation indique une couleur nettement néfaste.

En ce qui concerne la baguette, le mouvement se fait vers le haut si la couleur est favorable. Si la baguette reste inerte, la couleur est indifférente ; si elle baisse, la couleur est défavorable. On peut aussi procéder en passant de la personne aux couleurs disposées en éventail. Le mouvement changera, ou non, au moment où l'on passe la limite entre les couleurs.

Les effets des rayons de couleur

Cela fait un certain temps que l'on pratique la chromothérapie. Il faut tout d'abord reconnaître que la radiesthésie se résume à peu de choses, ce sont toujours les mêmes mouvements de la baguette ou du pendule. En vérité, il est souvent très difficile d'interpréter ces mouvements. Là est la difficulté. Il faut essentiellement acquérir de la sensibilité et rejeter l'autosuggestion à force de volonté.

Mertens raconte qu'un jour de juin 1939, en sortant d'une conférence sur la radiesthésie qui se tenait à Tournai (Belgique), un jeune homme lui donna sa photographie et lui demanda de l'examiner, car il souffrait d'insomnie. Après un premier examen rapide de la photographie, Mertens constata que le jeune homme souffrait de dérèglements d'ordre hépatique et digestif. Couleur défavorable : le vert. Aux questions qu'il lui posa, le jeune homme répondit que sa chambre était effectivement tapissée de vert. Quelques jours après avoir changé le papier de sa chambre, il fit parvenir à Mertens un mot de remerciement en lui disant que ses insomnies avait cessé et qu'il se sentait soulagé.

La recherche s'applique de la même façon aux animaux et aux plantes. Signalons que certaines couleurs retardent la ponte des poules tandis que d'autres couleurs l'accélèrent. On peut soigner les plantes malades à l'aide de couleurs ou de filtres de couleurs appropriés interposés entre elles et le soleil. On peut encore agir par sélection mentale. La chromoradiesthésie s'utilise aussi dans la sélection des semences, des sols et des engrais.

Enfin, il existe une relation entre minéraux, métaux et couleurs. Chaque métal est en syntonie avec une couleur ou un ton. Voici un tableau préparé par Mertens présentant les différentes couleurs avec lesquelles les métaux entrent en résonance :

rouge	fer
orangé	magnétite, or, zinc
jaune	argent, zinc, étain
vert	antimoine
bleu	platine, cuivre, or
indigo	brome, calamine, cuivre

violet	étain, aluminium
noir	charbon, plomb
blanc	argent (non pur)

Étant donné que pour établir la résonance entre la couleur et le métal il faut que celui-ci soit pur et que la tonalité de la couleur soit exacte, il sera donc très difficile de reproduire les résultats reportés dans le tableau.

La recherche d'un essaim

Avant tout, nous attirons l'attention du lecteur sur cette technique radiesthésique due au fameux radiesthésiste Victor Moine, car elle leur servira de modèle pour bien d'autres prospections radiesthésiques.

L'apiculteur à la recherche d'un essaim d'abeilles devra d'abord se munir d'un témoin graphique « essaim d'abeilles » qu'il introduira dans un tube vide. En général, ces recherches s'effectuent à l'air libre. L'opérateur se placera à l'extrémité d'une zone dans laquelle il pressent la présence d'un essaim d'abeilles. Moine recommande de porter le tube dans la même main que le pendule. Établissez votre convention mentale comme d'habitude. Lorsque le pendule oscille, on observe la direction qu'il prend. Il ne reste alors qu'à évaluer la distance séparant l'opérateur de l'essaim. Étendez le bras gauche en antenne dans la direction indiquée par le pendule, en formulant la convention suivante : « je veux savoir à quelle distance se trouve l'essaim. Chaque tour de mon pendule correspondra à une distance d'un mètre. » Il est parfois difficile de compter les tours. Voici une recommandation que nous donne Moine à cet égard : « N'oubliez jamais que le point de départ du compte sera celui que vous aurez choisi mentalement, même si le pendule a déjà tourné 5, 6 ou 25 fois auparavant. Vous arrêterez le décompte lorsque le pendule ne fait plus de cercle parfait ou au moment ou les girations se transforment en ellipses. Si vous n'êtes pas sûr de vos réflexes, vous pouvez utiliser la règle universelle de la manière suivante : après vous être placé dans la direction présumée, prenez la règle universelle dans la main gauche en tenant le pendule exactement au-dessus du point 0 de la règle (en conservant toujours dans la main le témoin essaim d'abeilles).

Placez le pendule au-dessus de chaque chiffre de la règle successivement (1, 2, 3, 4, 5, etc.). Vous aurez convenu auparavant de la convention suivante : « Chaque chiffre de la règle représente une distance en mètres et mon pendule oscillera lorsqu'il se trouvera au-dessus du chiffre qui représente la distance qui me sépare de l'essaim.

Cette convention devra être parfaitement claire dans votre esprit. Si le pendule tourne au-dessus du chiffre 45, cela signifiera que l'essaim se trouve à une distance de 45 mètres dans la direction déjà déterminée. »

Après la distance, il faut la hauteur où se trouve l'essaim. Pour cela, on utilise la même technique que pour la détection de la distance.

LA DÉCOUVERTE DE L'ESSAIM

Une fois en possession des trois coordonnées, distance, hauteur et direction, dirigez-vous vers le point déterminé. Là, prenez votre pendule, témoin en main, et tenez le bras en antenne. Prenez la convention mentale suivante : « Mon pendule tournera lorsqu'il sera dans la direction exacte de l'essaim. » Tournez sur vous-même très doucement en maintenant le bras dans la même position. Si vous avez bien suivi les recommandations, vous trouverez l'essaim dans la direction indiquée par le pendule.

En supposant qu'un obstacle matériel quelconque (arbuste, bosquet...) vous empêche de voir l'essaim, recommencez la détection de la distance et celle de la hauteur. Vous pouvez aussi utiliser la baguette si les conditions météorologiques interdisent l'utilisation du pendule. L'instrument radiesthésique réagit lorsque la convention mentale et l'expérience sont favorables. En supposant que la recherche ne puisse se faire sur le lieu même et suivant la technique que nous venons de décrire, on peut travailler à distance, par téléradiesthésie.

Il faudra se munir d'une carte à une échelle suffisament grande ou d'un plan aussi précis que possible. On s'orientera suivant la ligne nord-sud. La technique (pendule ou baguette et témoin) est sensiblement la même, ainsi que la convention mentale qu'il faut employer.

La prospection archéologique

L'archéologie est une science très complexe, mais la radiesthésie peut contribuer à trouver un élément, quel qu'il soit (tombe, mosaïque, monnaie, etc.), ou à identifier un élément découvert (statue, vase, bas-relief...). Le principal inconvénient de toutes les recherches archéologiques par la radiesthésie proviennent essentiellement de la difficulté, pour ne pas dire l'impossibilité, de se procurer un témoin approprié pour réaliser son travail. On recommande dans ce cas de remplacer le témoin par une représentation mentale que se fera le radiesthésiste, à condition qu'il connaisse l'élément en question grâce à une étude attentive. La date approximative a une grande importance.

La convention mentale sera : « Mon pendule tournera s'il s'agit de l'objet auquel je pense ». Toute autre convention mentale appliquée à ce type de recherches conviendra.

Qu'est-ce que la téléradiesthésie ?

La téléradiesthésie est la radiesthésie pratiquée à distance, que l'on utilise pour repérer des objets lointains ou perdus... à l'aide de la baguette ou du pendule et d'un témoin. La téléradiesthésie est fondée sur les ondes mentales qui jouent également un rôle en télépathie. La téléradiesthésie est l'art et la science de capter les effluves des corps organiques et inorganiques ainsi que ceux de la pensée en utilisant les mêmes procédures que celles de la radiesthésie, mais à grande distance, en dehors du champ sensoriel normal. C'est ce que l'on nomme aussi la radiesthésie extrasensorielle.

Il est ainsi possible de trouver sur une carte, sans avoir besoin d'être sur le terrain, un objet ou une personne disparus. De même, un bon radiesthésiste peut faire un diagnostic en l'absence du malade, en s'aidant simplement d'une photographie ou d'un objet lui appartenant.

On doit le terme de « téléradiesthésie » à Émile Christophe qui se consacra à la propagation de cette passionnante technique dans sa revue *La Prospection à distance.*

Certains radiesthésistes considèrent que la téléradiesthésie est un phénomène distinct de la radiesthésie. Ils l'assimilent plutôt à une sorte de « don » de clairvoyance qui serait à la portée de très peu d'individus. Le professeur Moine se démarque de cette opinion. Pour lui, le processus mental entrant en jeu (convention et orientation mentale) est toujours le même, que la prospection ait lieu sur place ou à distance.

Comme le radiesthésiste, le téléradiesthésiste ne peut se concentrer que sur la recherche d'un seul objet bien déterminé dans le temps. Au contraire, le clairvoyant perçoit les événements sous la forme de « clichés » se situant indifféremment dans le passé, le présent ou le futur.

Dans sa forme pratique, nous devons la téléradiesthésie à l'abbé Mermet. En 1919, il écrivit à son collègue et disciple, le père Racineux, curé de la paroisse de Pornic en lui indiquant les lieux de sa propriété où il avait de l'or, de l'argent et du charbon, dernier élément dont le père Racineux ne connaissait d'ailleurs pas lui-même l'existence. Il convient de signaler pourtant que tout le monde n'est pas capable de pratiquer la téléradiesthésie. En effet, il faut une sensibilité spéciale, des qualités de clairvoyance... car les ondes mentales sont plus difficiles à détecter et il faut beaucoup d'expérience.

Un membre de l'Association de radiesthésie d'Espagne nous a démontré sa sensibilité par un simple exercice. Il place un pendule au-dessus du plan de Barcelone pendant que de l'autre main il tient la photographie d'une petite fille. Le pendule commence à osciller lorsqu'il est au-dessus du point exact, le mouvement se fait plus ample. « Nous avons retrouvé beaucoup de personnes disparues, – explique Monsieur Soriano, président de l'Association » –, mais nous ne désirons pas faire de publicité ni nous mêler de politique. Nous voulons simplement aider les gens désespérés. »

Voici deux de ces cas où les téléradiesthésistes de l'association ont réussi : aider à retrouver le corps d'enfants morts accidentellement, localiser une femme dans un faubourg de Valence alors qu'elle avait prétendu partir pour New-York. José Valls, membre de l'Association en question, a réalisé plusieurs travaux sur le pétrole. « En Espagne, dit-il –, il y a du pétrole. J'ai détecté plusieurs points en cherchant sur le terrain et sur la carte. Ensuite, j'ai comparé mes découvertes avec la carte des entreprises pétrolières et j'ai constaté que les concordances sont nombreuses. J'affirme qu'en Andalousie, il y a beaucoup de pétrole... »

Les conditions du succès

Où et quand commence la téléradiesthésie ? se demande Mertens. C'est difficile à dire. Nombreux sont ceux qui pensent qu'il s'agit d'un phénomène différent de la radiesthésie, ce qui n'est pas sûr, car la première est une forme particulière de la seconde. Le mode de perception est le même, mais la prospection se fait à distance, à l'aide d'une photographie, d'un plan, etc. Il est indéniable que la partie psychique intervient en plus grande proportion qu'en radiesthésie. Cependant, la volonté et l'imagination sont des facteurs qui s'appliquent aussi à la radiesthésie dite physique. L'esprit intervient inconsciemment et conduit à des résultats radiesthésiques qui ressemblent plus à de la clairvoyance.

Effectivement, comme Monsieur Jourdain fait de la prose sans le savoir, certains font de la téléradiesthésie sans le savoir. Mais il faut savoir qu'il sera toujours très difficile de faire la part entre les perceptions physiques et psychiques entrant dans nos détections, car il semble que la partie physique puisse aussi être exclue de la téléradiesthésie. Par ailleurs, les explorations que réalise le téléradiesthésiste peuvent être accompagnées de nombreux phénomènes fugaces, donc difficiles à étudier. À certains moments, le pendule paraît flotter entre deux fluides.

Les plus grands radiesthésistes s'accordent à dire que pour pratiquer la téléradiesthésie, il faut certaines aptitudes et, surtout, un long apprentissage. Il faut donc se méfier des débutants qui se prétendent capables d'obtenir de grands succès du jour au lendemain. Ces personnes risquent de causer un grand tort à ceux qui, de bonne foi, font confiance à l'efficacité du pendule. Pour pratiquer la téléradiesthésie, voici ce qu'il faut respecter :

- avant tout, un apprentissage long accompagné d'une certaine aptitude innée ;
- être en état de réceptivité, bien connaître l'objet de l'investigation et se le représenter mentalement ;
- enfin, régler le pendule, se poser la question appropriée, avoir la volonté de chercher, puis rester tout à fait passif.

Il faut absolument s'abstraire du reste du monde pendant que l'on concentre sa pensée sur l'objet de la recherche. Nous insistons sur ce point, car ce travail préliminaire est la base de toute réussite.

N'oubliez pas que, souvent, on attribue à la clairvoyance et à la transmission de pensées des faits purement radiesthésiques ou téléradiesthésiques. C'est, en général, un argument avancé par les sceptiques placés en face de faits indiscutables.

Rappelons que le téléradiesthésiste ne peut travailler sous la contrainte. Il est essentiel qu'il ait l'esprit libre. Certains radiesthésistes peuvent se permettre de travailler en public, mais ce n'est pas recommandé pour tous, pour une raison simple : si parmi les spectateurs se trouvent des personnes nettement hostiles, le travail devient plus difficile, à tel point que le téléradiesthésiste peut éprouver des tremblements nerveux insupportables.

La sélection mentale

Un téléradiesthésiste ne perçoit que ce qu'il veut bien percevoir, à savoir ce qu'il cherche. Sans cela, la téléradiesthésie serait impossible. Par exemple, parmi toutes les notes de musique qu'un orchestre émet, une oreille exercée saura isoler certaines notes. En radiesthésie, cela s'appelle la sélection mentale. Elle est à la base de la téléradiesthésie et de la radiesthésie, et sans elle, aucune détection n'est possible. En effet, comment prétendre percevoir, parmi un enchevêtrement complexe d'effets de tous types, un effluve déterminé capable d'influencer vos instruments ?

Pendules et baguettes ne sont autres que des instruments amplificateurs. L'organisme humain est le récepteur, le travail d'interprétation est réservé au cerveau. En fait, ni le réglage du pendule, ni l'utilisation des témoins, ni même l'utilisation de pendules spéciaux ne résoudra le problème, les règles et témoins nous aident indiscutablement dans nos prospections, mais ils ne sont pas suffisants pour sélectionner les ondes, radiations et effluves que nous pouvons capter. Seul le cerveau peut nous aider dans la sélection. Cependant, il est nécessaire de s'exercer, afin de se placer dans un état d'attente propice aux découvertes. L'intervention de l'esprit est évidente.

La pensée, à une vitesse vertigineuse, nous permet de chercher, à des distances considérables, les objets les plus divers, eaux, minéraux, trésors, personnes vivantes ou mortes ou maladies de certains êtres. Les cartes sur lesquelles on enregistre l'objet de nos investigations servent à la localisation. En réalité, un simple papier blanc permettrait de faire la même chose.

Comment se situer sur le terrain une fois qu'on a effectué la recherche à distance ? Simplement : à l'aide de trois coordonnées, deux sur le plan et une pour la hauteur. Un téléradiesthésiste expérimenté peut même trouver des objets en étendant la main au-dessus d'une carte imaginaire.

Rappelez-vous que le scepticisme vous empêchera de réussir. Le scepticisme paralyse. Cela revient au même lorsqu'on manque de confiance en soi. Il faut avoir la foi, une foi ardente. Si la téléradiesthésie devient pour vous une mystique, vous triompherez, sans aucun doute.

Quelques expériences de téléradiesthésie

Voici quelques expériences effectuées par le grand téléradiesthésiste M. Mertens où l'on démontre l'intervention spontanée de l'esprit. Ces expériences ont été menées devant un public nombreux mais sympathisant.

Mertens raconte qu'à la demande de M. Randax, membre du Cercle de Bruxelles, et d'après un croquis tracé dans le marbre d'une table représentant une cave, il lui dit : « Il y a un sol de terre battue couvert de briques, deux murs fendus, un percement dans le pavé, une différence de niveau (l'escalier). » M. Randax posa une seule question. Il demanda s'il y avait des objets de valeur. Mertens répondit qu'il n'y en avait plus. La cave se trouvait à Anvers. Sans sélection mentale, reconnaît le professeur, je n'aurais jamais donné autant de renseignements d'une aussi parfaite exactitude. Après une causerie à ce même cercle, une femme demanda à Mertens s'il pouvait donner la date de fabrication d'un meuble qu'on venait de lui vendre comme d'époque. Comme la dame n'avait aucun témoin du meuble, le téléradiesthésiste lui demanda de fixer du regard le pendule pendant qu'il en tracerait un schéma. Le pendule indiqua une date comprise entre 1750 et 1770. Le meuble avait bien été vendu comme datant de cette époque. Ensuite, sans qu'on le lui demande, Mertens précisa que le meuble avait été restauré et que le panneau arrière ainsi que la partie supérieure gauche étaient neufs. Tout cela fut confirmé. C'était la première fois que Mertens rencontrait la personne qui l'avait interrogé.

Clairvoyance, dites-vous ? Et pourquoi pas téléradiesthésie ? La vérité, c'est que le pendule lui avait indiqué des réponses sûres. Le 9 novembre 1939, la *Gazette de Charleroi* publia ce qui suit : « M. Mertens pratiqua donc devant un public nombreux des expériences (recherche d'un puits abandonné dont il fit le tracé très succinct sur une toile cirée, recherche de diagnostic médical sur photographies, etc.) qui, en plus d'être très probantes, indiquent que le professeur est doué d'une rare habileté, d'une perception réellement surprenante... »

Les possibilités de la téléradiesthésie

Fréquemment, on demande si la clairvoyance ne serait pas une forme très subtile de la perception téléradiesthésique. Bien sûr, de nombreuses expériences ont été menées qui permettent de le croire, car les possibilités de la téléradiesthésie sont immenses et insoupçonnées.

Voici un exemple intéressant : écrivez le nom ou le surnom d'une personne que vous connaissez. Pensez à elle, et si le téléradiesthésiste est bon, il pourra décrire son caractère et ses aptitudes, ses défauts physiques et moraux. Nous traiterons par la suite et plus en détails de cette question passionnante.

Pour réaliser ce genre d'exercices, il faut être parfaitement calme ou sous l'emprise d'une surexcitation nerveuse qui paraît, dans certains cas, augmenter la sensibilité de réception, alors que, logiquement, elle devrait provoquer une grande fatigue. À certains moments, le téléradiesthésiste a l'impression de n'être plus là, d'être dans un état second, il ne faut pas confondre avec le dédoublement, car il ne s'agit pas du même phénomène. Ce sont des moments où l'on peut avoir l'impression de travailler dans la quatrième dimension. « On a l'impression de passer d'un état à l'autre, dit Mertens, de flotter dans le temps et dans l'espace sans perdre pour autant la notion du réel et du présent. La conversation peut continuer comme si de rien n'était. » Il est alors possible de se passer de la baguette ou du pendule et de travailler sans instrument entre les mains. Bien sûr, seuls les téléradiesthésistes très sensibles et bien préparés peuvent expérimenter des détections de ce genre. Ils sentent un souffle froid dans le creux de la main, soudain et bref, au moment où celle-ci passe au-dessus de la carte, à l'endroit précis où se trouve la personne ou l'objet recherché.

On dit que certains téléradiesthésistes très sensibles souffrent de bouleversements lorsqu'ils passent au-dessus de cavités ou de souterrains, au point de se rendre malade. Mertens raconte qu'un jour, travaillant sur l'écriture d'une personne non présente, il se sentit subitement indisposé, le cœur battant très fort. La personne, à ce moment-là, se trouvait sur la table d'opération dans une clinique suisse, ce qu'ignorait le téléradiesthésiste. Une autre fois, tout en travaillant sur le plan de la ville de Tournai, à la recherche de souterrains, Mertens se vit obligé d'interrompre son travail, souffrant d'une indisposition grave durant trois jours. Cela était dû au fait que des souterrains émanaient des effluves très nocifs. On apprit par la suite que ces souterrains avaient servi d'égoût à la ville.

La pratique téléradiesthésique et les précautions à prendre

Pour le vicomte Henry de France, fameux géologue et radiesthésiste, il en va de la téléradiesthésie comme de la poésie ou de la peinture... beaucoup ont peur du ridicule et se contentent de la prose et du dessin.

Quant aux deux usages du pendule, on dit qu'il existe une radiesthésie proprement dite, à la portée de tous, comme le sont la prose et le dessin. Puis il en existe une autre, très difficile celle-là, à la portée d'une petite minorité, car elle se fonde sur l'intuition et exige, en conséquence, des aptitudes spéciales. Par sa longue pratique de la radiesthésie et sa patience de professeur, le vicomte Henry de France est passé maître dans cet art. Il conseille aux débutants « beaucoup de prudence, de patience, de persévérance... Seul un travail constant vous permettra d'atteindre des résultats tangibles... ». Les personnes hypersensibles devront être particulièrement prudentes. Le passé et le présent sont ouverts à l'exploration radiesthésique, mais le futur ne lui appartient pas.

Indubitablement, la téléradiesthésie fait le lien entre la matière et l'esprit, entre le corps et l'âme. On sait que les sciences exigent de la précision, mais toutes ne sont pas mathématiques... Ne devront entreprendre les exercices difficiles de la téléradiesthésie que ceux qui auront parfaitement maîtrisé la radiesthésie locale, lorsqu'ils sentiront qu'ils ont la pratique suffisante pour réussir. Contrairement à ce que beaucoup de débutants pensent, on ne peut devenir bon téléradiesthésiste sans avoir pratiqué aussi la radiesthésie sensorielle. Une méthode et un travail progressif sont indispensables pour acquérir une bonne maîtrise de la téléradiesthésie.

Il se peut qu'au début des exercices vous réussissiez à certains moments, mais ces résultats ne se répéteront pas si vous manquez de pratique et surtout de l'amour de l'art et de la passion pour la mystique de la téléradiesthésie. Aucun art ni aucun métier ne se pratique sans apprentissage. Il faut progresser lentement, avec précaution, méthodiquement, en répétant souvent les exercices de base. Foi et patience sont les maîtres-mots.

Surtout, ne vous laissez pas impressionner par les sceptiques et les critiques qui n'entendent rien à l'art-science de la radiesthésie, ni par ceux qui « pontifient au nom de la science qu'ils défendent si mal. » La vérité triomphe toujours, quelle que soit l'ardeur des détracteurs. Tout au plus peuvent-ils retarder ce qui un jour, malgré eux, s'imposera à tous.

Quelques exercices téléradiesthésiques

La téléradiesthésie permet de réaliser toutes les opérations qui se pratiquent en radiesthésie sensorielle ou locale, plus une série d'opérations n'ayant rien de commun avec la radiesthésie.

Les possibilités de la prospection à distance à l'aide du pendule ou d'un instrument quelconque, voire uniquement à la main, sont loin d'être épuisées. Dans les opérations de téléradiesthésie, la partie psychique de la personne joue un grand rôle. C'est pourquoi elles sont plus délicates à réaliser que les expériences de radiesthésie proprement dite.

Les sources de la véritable téléradiesthésie sont l'âme, le subconscient, les connaissances directes et intuitives, les visions dans le temps et dans l'espace, libres de toutes contingences matérielles. C'est précisément cette idée qui nous fait dire que, parfois, au cours de notre pratique, nous passons dans la quatrième dimension, là où espace et temps ne se distinguent pas.

Souvent, dans les expériences de téléradiesthésie, il manque un point de départ, une question précise. C'est pourquoi on prend un témoin de la personne, de l'animal ou de l'objet à étudier. Pour Henry de France, les plans et les cartes, souvent des croquis très rudimentaires, ne sont que des accessoires servant de point d'appui, car ils n'émettent aucun effluve physique.

Quant au témoin, il sert de point de départ pour la prospection. On pense que le cerveau émet une radiation qui va à la rencontre de l'émanation recherchée et que la seconde guide la première. Ce phénomène se produirait dans le cerveau lui-même. La localisation sur la carte ne serait qu'un effet secondaire, le reflet de ce qui est déjà en nous.

Pourtant, n'oubliez pas que pour réussir un exercice de téléradiesthésie il faut un certain nombre d'appareils et de conventions : les rotations du pendule dans le sens des aiguilles d'une montre et en sens inverse, les oscillations, les sautes de la baguette, les angles de réfraction, la pesanteur du pendule, ses arrêts brusques, la neutralisation des rémanences et des images, l'utilisation des pointes et du soufre, les règles graduées, etc. En téléradiesthésie, tous les moyens sont pris par convention mentale et psychique, et aucun ne doit être négligé, car ils sont pour beaucoup dans la réussite. Ils sont, en fait, indispensables.

Pour s'initier à la téléradiesthésie, on utilise couramment la caisse de sable dont vous connaissez déjà les avantages pour les avoir constatés lors de vos exercices de radiesthésie locale.

Les exercices recommandés

Depuis de nombreuses années, l'ingénieur belge Victor Mertens est une figure mondiale de la radiesthésie (recherches sur le terrain) et plus encore de la téléradiesthésie (prospection à distance) pour laquelle son autorité est reconnue de tous.

Comment repérer un objet occulté ?

Reprenez la caisse de sable que vous avez utilisée pour vous exercer et demandez à quelqu'un d'y cacher un objet quelconque. L'exercice consiste à chercher le lieu exact où est caché l'objet sur un croquis représentant la caisse. Rappelons qu'il est difficile, pour ne pas dire impossible, de trouver un objet s'il est caché dans un coin ou le long d'une paroi intérieure de la caisse.

En premier lieu, vous ferez un dessin à l'échelle de la caisse. Ensuite vous procéderez à la recherche de l'objet en parcourant le croquis avec le pendule, un témoin dans la main. Dirigez le pendule d'est en ouest et inversement, en orientant le dessin de la même façon que la caisse. Cette orientation ne sera plus nécessaire lorsque vous aurez acquis suffisamment d'habileté. Vous vous orienterez alors mentalement. Comme cela s'était passé en radiesthésie sensorielle, au moment précis où vous couperez le plan nord-sud magnétique dans l'alignement de l'objet, le pendule se fera plus lourd, puis tournera une fois. Lorsque vous aurez repéré un nombre de points suffisant, vous les unirez par une ligne droite et vous aurez une première indication relative à la situation de l'objet qui doit se situer sur cette ligne. Ensuite, avec le pendule ou l'index de la main gauche, repassez le dessin parallèlement à la première ligne. Lorsque vous serez devant l'objet, vous sentirez une nouvelle manifestation du pendule. Marquez ce nouveau point sur le schéma.

Recommencez de l'autre côté de la première ligne, vous noterez une autre manifestation à la perpendiculaire. Joignez les deux points d'une ligne droite dont l'intersection avec la première ligne nord-sud correspond à l'objet caché sur le dessin, et donc, dans la caisse.

Notez que les réactions du pendule sont toujours plus manifestes sur le plan magnétique nord-sud que sur le plan perpendiculaire est-ouest.

Comment déterminer la profondeur de l'objet ?

Aussitôt que vous aurez situé l'objet caché, vous procéderez à la détermination de sa profondeur dans le sable. En premier lieu, vous laisserez osciller le pendule au bout de la chaîne dans la main gauche, l'index pointé sur le lieu signalé sur le plan, avec ou sans pointe dans la main gauche. Vous vous mettrez à compter lentement, à voix haute, en vous accompagnant d'un mouvement rythmique de la tête ou du pied : un centimètre, deux centimètres, trois centimètres... et ainsi de suite jusqu'à ce que le pendule, par une augmentation de poids, suivie d'une ou de plusieurs girations, vous indique que le compte est bon. Au cours de cette opération, il faut absolument rester neutre et ne pas influer sur le pendule. Le mieux sera de se représenter mentalement les centimètres qui, dans notre imagination, passent devant nos yeux.

Vous vérifierez le résultat obtenu en plongeant la pointe dans le sable pour mesurer la profondeur où se trouve l'objet. Il est conseillé de recommencer l'opération plusieurs fois. De cette manière, vous effectuerez à la fois un exercice de téléradiesthésie et un exercice de radiesthésie. Vérifier le résultat est très stimulant, car cela vous permettra de corriger certaines erreurs.

La recherche de l'objet ne passe pas forcément par le plan nord-sud magnétique. Vous pouvez aussi provoquer un plan magnétique artificiel en plaçant à proximité du dessin de la caisse deux aimants droits ou une boussole dont l'aiguille aura été préalablement bloquée.

On peut aussi croiser, avec le pendule, un rayon provenant d'une source lumineuse quelconque placée au sol, une lampe électrique par exemple. En croisant la ligne unissant les deux corps de nature identique, le pendule réagira.

Plus simple encore, si vous prospectez à l'aide d'un témoin que vous tenez dans la même main que le pendule, vous observerez que l'instrument réagit en passant au-dessus de l'objet ou de sa projection sur le papier. On obtient la même réaction en tenant le pendule et le témoin de la main gauche et en passant l'index sur ce point.

Si votre sensibilité radiesthésique le permet, l'opération la plus simple de toutes consiste à penser intensément à l'objet cherché et à parcourir le dessin de la main gauche en maintenant l'index en antenne vers l'avant. En approchant de l'objet vous sentirez le pendule s'alourdir de plus en plus et une attraction continue à mesure qu'on approche de l'objet. À mesure que vous vous éloignerez de l'objet, vous ressentirez un éloignement semblable à une répulsion étrange. Mertens a baptisé ce procédé « chien de chasse », mais on ne peut l'utiliser qu'après de constants exercices sur un plan à petite échelle. Soulignons que toutes les méthodes sont bonnes et que vous pouvez utiliser celle qui vous convient, pourvu que vous la dominiez. Il faut cependant éviter le système à aiguilles tournantes, car il ne donne pas de bons résultats ni sur un plan, ni sur un schéma. Cette méthode provient de la méthode dite du fil de dérivation utilisé sur le terrain.

Pour savoir si vos réactions sont bonnes lorsque vous êtes au-dessus d'un objet recherché ou d'un effluve, une image, une ligne ou un plan de profondeur, il faut premièrement régler le pendule, témoin en main ou non. Ensuite, faites réagir le pendule au-dessus du croquis en un lieu où vous supposez que l'objet se trouve. Puis vous approcherez une pointe fine du pendule, une aiguille à coudre par exemple, le plus près possible, sans toucher le pendule. Si le pendule est effectivement placé au-dessus de l'objet, il continuera son mouvement comme si rien n'était changé. En revanche, s'il n'est pas au-dessus de l'objet, il s'arrêtera instantanément.

Tout en tenant le pendule dans la main gauche, on place l'index de la main gauche au-dessus du lieu repéré, à l'écart du plan ou du croquis, et on fait réagir le pendule au-dessus d'un morceau de soufre. Il arrêtera son mouvement si l'index de la main gauche n'indique pas le lieu réel de l'objet.

On peut aussi remplacer l'index par une pointe métallique, de fer ou d'aluminium ou de n'importe quel autre métal, la pointe pouvant être de pierre ou de toute autre nature. Il faut se méfier des images magnétiques que l'on rencontre aussi sur plan ou sur schéma. Les mêmes précautions que celles prises sur le terrain permettront de les combattre.

Fréquemment, les images magnétiques se répercutent au nombre de quatre ou plus. Ce qui est surprenant, c'est qu'elles prennent la même disposition géométrique que la caisse construite. Pour une caisse ovale, ou ronde, les images prendront une forme elliptique ou circulaire, mais lorsque la caisse est rectangulaire, toutes les images magnétiques auront une disposition rectangulaire, proportionnelle au rectangle formant le périmètre de la caisse. Ces images magnétiques peuvent se refléter loin de la caisse ou du croquis. Parfois, on en voit deux sur le croquis, les deux autres étant éloignées. Tous ces phénomènes désorienteront le téléradiesthésiste débutant, mais il faut qu'il s'y habitue.

Au cours d'expériences, il arrive souvent que l'on commette des erreurs d'inversion : l'objet que nous croyons à gauche se trouve en réalité à droite et vice versa, mais toujours à égale distance des parois de la caisse ou des bords du croquis. Il s'agit en fait d'une image magnétique confondue avec l'emplacement réel de l'objet caché. Nous conseillons de vérifier le résultat de vos investigations avec la pointe métallique déjà mentionnée ou par l'emploi d'un morceau de soufre.

Remarque importante : il faut surtout ne jamais se laisser décourager par la répétition des échecs. Nous conseillons de recommencer sans cesse les expériences, avec ténacité, en prenant toutes les précautions décrites au début de ce livre.

Rappelez-vous des fameux vers de Boileau :

« Vingt fois sur le métier remettez votre ouvrage
Polissez-le sans cesse et le repolissez... »

Il faut surtout rester vigilant : vos réactions pendulaires ne sont pas forcément semblables à celles des autres personnes.

La sélection mentale

Placer simultanément deux, trois ou quatre objets différents dans la caisse de sable constitue un excellent exercice. Il s'agit de chercher sur le croquis l'un ou l'autre des objets par l'une des méthodes précédemment décrites. Si l'on veut réaliser cette opération, il faut faire agir la sélection mentale de façon efficace : un ordre bref, un acte volontaire. Après cela, il faut montrer une parfaite neutralité.

Comment dessiner à distance les contours d'un objet caché ?

L'exercice suivant est l'un des plus mystérieux aux yeux des apprentis téléradiesthésistes. Son but est le suivant : sur un plan ou un schéma, on essaie de tracer un objet enterré dans la caisse de sable, objet dont, naturellement, nous ignorons tout.

Une fois que l'objet aura été localisé sur le croquis, on part de ce que l'on suppose être le centre et, après plusieurs essais, on se dirige de l'intérieur vers les bords dans toutes les directions. Pour chaque changement de mouvement du pendule, marquez l'endroit d'un trait de crayon. Ensuite, on relie par une ligne les points ainsi définis. Si tout s'est bien passé, on obtient une réduction de l'objet sur le plan ainsi que l'orientation par rapport au croquis, pourvu que l'on ait respecté l'orientation au moment de dessiner le croquis.

On effectue l'expérience en tenant le pendule soit directement au-dessus du plan, soit à l'écart. Dans le second cas, il faudra tenir le crayon bien au-dessus d'une zone sans radiations parasitaires sur une feuille de papier noir, par exemple.

Si vous voulez obtenir un dessin en coupe verticale et non en plan, vous y parviendrez par un effort mental volontaire. Rien n'empêche d'effectuer ce dessin d'un angle de vue ou d'un autre correspondant à la coupe verticale obtenue.

Ce sont indéniablement des exercices de sélection mentale très courants qui, par une pratique régulière et sérieuse, vous procureront une puissance mentale extraordinaire et feront de vous un expert en radiesthésie. À cet égart, Mertens raconte qu'une nuit de février 1939, il fut amené à chercher un disparu d'après photographie. Il le trouva noyé dans le canal de Mons à Condé, à proximité des écluses de Jemappes. Mais il fut très surpris lorsqu'il indiqua que d'après ses calculs et ses investigations, il y avait un autre noyé à cet endroit là. Il crut qu'il avait commis une erreur. En reprenant ses recherches, il obtint les mêmes réactions que précédemment. Plus tard, il lui vint l'idée de dessiner avec le pendule la position du corps. Il en déduisit que le corps reposait au fond de l'eau, au lieu déjà indiqué, courbé, le dos vers le haut, les pieds et les mains dans un sac. Trois jours plus tard, on sortit le malheureux du canal, au lieu indiqué et dans la position décrite, les bras attachés à un poids, le dos tourné vers le haut et les jambes et les bras pris dans un tuyau de grès. Mertens avait déduit tout cela de son dessin pendulaire.

Lorsque vous effectuerez ce genre d'exercices, vous prendrez toutes les précautions et vous vous méfierez surtout des erreurs causées par la fatigue. La téléradiesthésie fatigue beaucoup plus que la radiesthésie sensorielle. Il faut reposer l'organisme de temps en temps. En revanche, il est difficile de préciser la limite du temps de travail, car cela dépend de chaque individu et de la capacité de son système nerveux.

Comment s'effectue le travail mental sans témoin ?

Il s'agit de recommencer les exercices précédents en abandonnant l'usage des témoins. Tout en pensant intensément à l'objet recherché, on répétera sans cesse : « Je cherche de l'eau, tel objet de cuivre, de l'argent, etc. ». Pensez uniquement à l'objet recherché et repoussez toutes les autres pensées qui peuvent vous venir. De la même façon, vous éliminerez les images magnétiques et toutes les influences parasites : rémanences, lignes de profondeur, etc. Il faut créer une image mentale, une vision réelle intérieure de l'objet ou de sa nature. Si vous connaissez sa forme, il faut se faire une image de son essence, de ses caractéristiques les plus notables. Mertens reconnaît que cet exercice est très difficile, mais il est très efficace pour la formation de téléradiesthésistes.

La recherche des disparus

Pour vous entraîner à la recherche de personnes disparues, placez une photographie dans le sable de la caisse, ou, le cas échéant, un fragment de photographie puis mettez-vous à chercher sur le plan le lieu où se trouve la photographie. Le témoin sera soit une photographie, soit un fragment de photographie, soit encore un objet imprégné de l'émanation de la personne concernée, tel qu'une écharpe, un vêtement... Afin d'éviter la rémanence, on devra retourner souvent le sable de la caisse.

Dans la recherche d'une personne disparue, si l'on n'a aucun renseignement sur le lieu de la disparition, ni celui où il se trouve, on commencera les investigations sur un planisphère pour ensuite augmenter progressivement l'échelle des cartes. Il est prudent de vérifier le résultat des recherches de personnes disparues. Pour cela, on prendra sur le lieu signalé lors de la recherche soit un chiffre de série, soit le plan des vibrations de la personne recherchée, ou toute autre caractéristique mise à jour préalablement sur un témoin.

Il faut aussi vérifier les grottes, les cavités, les caves abandonnées et les autres vides que l'on trouve sur les plans, ainsi que les émanations néfastes. Cette recherche s'effectue de la même façon que celle décrite antérieurement. Si la sélection se fait intentionnellement, la giration se fera de droite à gauche. Habituellement, on utilise la pointe du pointeau ou du crayon. Parfois, on s'aide d'un témoin pour définir plus précisément le type de grottes ou d'ondes nocives dont on traite.

Il ne faut pas oublier les déviations pouvant occasionner des erreurs de plusieurs kilomètres sur le terrain. Il faut les éliminer par un acte de volonté, tout en essayant d'augmenter la vitesse des rayons.

Lorsque l'on connaît parfaitement les lieux à explorer, on peut se passer de plan ou de croquis, car on se les figure mentalement. Cela met d'ailleurs en évidence le fait que l'on est très couramment confronté à des phénomènes métapsychiques en téléradiesthésie.

Comment repérer des grottes, des cavités et des vides ?

Nous avons déjà traité de ce type de recherches, mais cette fois-ci vous demanderez à un tiers de dissimuler une fiole pleine d'eau dans le sable de la caisse et vous essaierez de repérer sur le dessin de la caisse, et de la main uniquement, le lieu où se trouve l'objet enterré, sans l'aide du pendule ni d'aucun autre instrument.

En supposant que votre sensibilité soit suffisamment exercée, vous sentirez à cet endroit, sur le plan, un léger souffle dans le creux de la main, et plus particulièrement si vous avez eu soin de l'humidifier.

Cet exercice peut être recommencé avec une fiole vide bouchée à l'émeri ou par un bouchon de liège. On doit ressentir le même souffle dans le creux de la main. Ainsi vous exercerez-vous sur un plan pour découvrir des caves, des grottes et des souterrains.

Mertens recommande ces exercices, parce qu'ils offrent le grand avantage de nous obliger à une attention soutenue et parce qu'ils conviennent particulièrement à l'intensification de notre sensibilité. Il est probable que vous réussirez ces exercices à chaque tentative. Cependant, il faut les reprendre sans cesse.

Comment chercher les émanations nocives ?

Pour s'exercer à la recherche d'ondes nocives, vous ferez placer dans le sable une fiole contenant des produits nocifs : poison violent, eau polluée, produits altérés, corps organiques en décomposition... et vous les chercherez sur le croquis de la caisse de sable. Le pendule réagira en tournant de droite à gauche sur le lieu même du plan correspondant à celui où le corps nocif se trouve enterré. Vous changerez parfois l'échelle du dessin, afin d'éviter un certain ennui du à l'habitude.

Un objet occulté dans le jardin

Si vous disposez d'un jardin, demandez à un tiers d'y cacher quelque chose, sur le sol et sous un objet volumineux. Immédiatement, vous tracerez un plan rudimentaire de ce jardin et vous chercherez l'emplacement de l'objet occulté. Ensuite, vous réaliserez à distance le dessin de cet objet.

Des objets cachés dans une chambre

Sur le sable de la caisse, sur le sol de votre jardin, dessinez le schéma d'une chambre de votre maison. Ensuite, faites-y cacher un objet d'une certaine taille. Faites-en la recherche sur le schéma que vous avez dessiné. Sur le sable, à distance, essayez de faire le dessin de cet objet.

Comment procéder à une investigation sur une carte ?

Vous commencerez par réunir des cartes d'une même région, mais à des échelles différentes. Ensuite, vous ferez mettre une pièce de monnaie en un lieu inconnu de vous sur la carte de plus grande échelle et vous vous mettrez à chercher sur la carte de plus petite échelle. Au début vous devrez orienter les deux cartes de la même façon. Par la suite vous pourrez ne plus les orienter et procéder à l'orientation mentale.

Attention : ne jamais tenter cette expérience en remplaçant les deux cartes par un échiquier, car, du fait que les cases sont semblables, les erreurs se multiplient et il est impossible de parvenir à un résultat juste.

Exercice récapitulatif

Sur le sable de la caisse, recommencez tous les exercices de la première partie. Combinez-les de sorte qu'ils constituent une recherche complète.

Cette fois, votre aide placera dans le sable de la caisse un objet que vous ne connaissez pas. Il sera même préférable qu'il en place plusieurs à des profondeurs différentes. Vous commencerez votre travail par la localisation de l'un des objets en suivant la méthode déjà décrite, témoin en main. Ensuite, vous déterminerez la profondeur à laquelle se trouve l'objet que vous croyez avoir détecté et essaierez de vérifier sa nature par l'usage de témoins variés.

Efforcez-vous de trouver le champ d'action direct, afin de dessiner à la surface du sable sa forme et son volume. Vous chercherez le lien de sympathie entre ce corps et le témoin, ce dernier étant placé à quelques centimètres de la caisse.

Vous chercherez puis tracerez à la surface du sable le rayon fondamental du corps et, grâce à un rapporteur, vous mesurerez l'angle que forme ce rayon avec le nord magnétique.

Vous prendrez ensuite la série du corps et évaluerez sa masse. L'ensemble de cette dernière opération offre un intérêt réel, car il constitue une étude complète de ce que vous ferez sur le terrain un peu plus tard.

Comme cet exercice prendra un certain temps, il convient de se reposer entre les opérations si vous ressentez de la fatigue que Mertens nomme « fatigue radiesthésique ».

La recherche sur plan

Le débutant téléradiesthésiste prendra soin d'orienter le plan sur lequel il s'apprête à travailler, cela en fonction de la déclinaison magnétique qui varie d'un lieu géographique à l'autre et d'une période à l'autre. Il faut également prendre les précautions nécessaires de neutralisation. En frottant légèrement le plan avec un morceau de soufre, vous éliminerez les émanations parasites qu'il pourrait y avoir en raison des empreintes digitales et autres taches superficielles. Par ailleurs, il est indispensable de soutenir l'attention, d'éviter l'autosuggestion et de rester passif.

Si vous cherchez de l'eau, du charbon ou tout autre minéral, vous prendrez en main le témoin approprié.

Il est aussi préférable de promener une pointe ou un crayon en antenne au-dessus de la carte et de maintenir le pendule immobile dans la main droite, loin de la carte. Le pendule réagira à l'instant précis où le pointeau passera sur l'endroit recherché, qu'il s'agisse d'une source, d'un gisement minéral, etc

La rapidité des réflexes

L'évaluation des lignes ou des plans de profondeur d'une source, par exemple, ne donne que de vagues indications du fait de la grande réduction de l'échelle sur la carte.

Le sens du courant de l'eau est déterminé aussi facilement que sur le terrain : après s'être orienté mentalement, on place le pointeau en antenne que l'on tient dans la main gauche contre le courant ou dans le sens du courant. On observera une oscillation du pendule lorsque le pointeau est dirigé vers l'aval et une ou plusieurs rotations s'il est dirigé vers l'amont.

L'évaluation du débit de l'eau et de sa qualité se fait aussi de la même façon que sur le terrain. Mertens précise qu'en principe, la recherche sur un plan n'est autre qu'une transposition du travail sur le terrain, assortie de quelques modifications nécessaires en raison de l'exiguïté du champ d'exploration. Aussi, plus l'échelle de la carte est grande, plus on aura de précision. Les recherches effectuées sur les cartes d'état-major donnent d'excellents résultats.

Pour commencer une recherche sur une superficie très étendue, on commencera par travailler sur une carte à échelle réduite. Ensuite, on augmentera l'échelle en fonction des premiers résultats obtenus. On doit procéder par élimination, en écartant les pays ou régions où ne se manifeste aucune réaction.

La recherche de personnes disparues

Ce thème a déjà été traité. Nous ajouterons seulement que la recherche de personnes disparues sur un plan mérite une vérification prudente : sur le terrain, par le chiffre de série de la personne recherchée, par le plan des vibrations ou par toute autre caractéristique qui aura été révélée préalablement sur un témoin.

Comment repérer des cavités, des grottes, des caves, etc. ?

La localisation de cavités ainsi que d'ondes nocives s'effectue par les méthodes décrites dans les chapitres précédents. En travaillant sur une carte, on sera surpris de toujours trouver une déviation, mais ni celle-ci, ni son amplitude ne sont dues à l'échelle du plan. Elles varient simplement d'une personne à l'autre et elles sont toujours identiques pour chaque individu. Aucun élément extérieur n'en est la cause.

Après de nombreuses expériences, Mertens en déduit qu'il s'agit d'une question de temps de réflexe « entre le moment de la réaction pendulaire et celui de l'interprétation du mouvement par le cerveau. C'est une fraction de temps infime, mais suffisante pour produire la déviation. » Cette déviation est fixe pour chacun et peut occasionner des erreurs de plusieurs kilomètres sur le terrain. Il faut donc se dégager de cette erreur par un acte volontaire, en s'exerçant à augmenter la vitesse des réflexes. En définitive, il s'agit d'un temps physiologique nécessaire à l'élaboration d'un acte plus ou moins complexe dans lequel les contractions musculaires et les courants nerveux jouent un rôle essentiel.

On peut se passer des plans si l'on connaît parfaitement les lieux où se déroule la recherche. Répétons-le, cela montre bien que nous sommes en présence de phénomènes métapsychiques : « Il s'agit d'une hyperesthésie des sens. »

Des cas spécifiques

LA RECHERCHE D'UNE MÉDICATION

Elle se pratique par syntonie, de la même façon que le fait la médecine radiesthésique. Ici aussi, on peut remplacer le témoin physique par un témoin mental, à condition de bien connaître le produit.

S'il s'agit de trouver une plante curative, le témoin peut parfaitement être une gravure ou une photographie de la plante recherchée. Ce travail implique une double opération de téléradiesthésie si l'on remplace effectivement le sujet examiné par sa photographie, et le médicament par sa reproduction graphique. Attention, la thérapeutique est réservée aux médecins.

COMMENT ÉVALUER LA VITALITÉ ?

Sachez que si la photographie est déchirée, la partie restante suffit, car « la partie remplace le tout ». On évalue la vitalité sur un double-centimètre ou sur un cercle gradué de 0 à 360°.

Voici la méthode : on place le témoin à l'extrémité de la règle ou au centre du cercle. Pendule en main, on s'éloigne du témoin en un mouvement de translation ou circulaire. La distance à laquelle on parvient sans que le pendule change de mouvement donne l'indication nette de la vitalité de la personne examinée.

Prenons par convention, par exemple, 20 cm pour la règle graduée, et 180-360° pour le cercle comme étant les maxima de vitalité. Selon Mertens, la baisse de vitalité se calcule proportionnellement à la diminution des mesures par rapport aux chiffres maxima indiqués. Évidemment, personne ne possède une vitalité parfaite et on n'obtient jamais le maximum. En revanche, si la vitalité est de zéro, « on en déduira la mort ».

LES MIGRAINES

Avant tout, nous devons signaler que les mouvements pendulaires ne sont pas les mêmes pour tous sans doute en raison d'un défaut du système ou d'une mauvaise habitude prise au début de l'apprentissage des exercices de téléradiesthésie.

En principe, un balancement vertical entre les yeux et le front indique que la personne est sujette à des migraines et des douleurs dans la tête. Si l'on veut connaître l'origine de ces migraines, on laissera le pendule guider la main.

LES TROUBLES DU CERVEAU

Un balancement du pendule suivi de violentes girations dans un sens ou dans l'autre indique qu'une personne est sujette à une maladie mentale ou qu'elle a souffert d'une commotion cérébrale. Ces réactions se produisent aussi après la mort. On peut aussi savoir s'il s'agit d'un mal ancien avec le morceau de soufre ou l'aiguille fine.

LES IMPRÉGNATIONS

Si plusieurs radiesthésistes travaillent sur la même photographie ou le même objet, simultanément ou successivement, il se crée des rémanences dans l'espace, des imprégnations dont il faut se défaire. Autrement, les erreurs continueront de se reproduire. Pour éliminer les imprégnations, il faut faire acte d'une volonté ferme accompagnée d'un geste symbolique, comme il l'a été précisé au cours des chapitres antérieurs, supposé combattre ces imprégnations si préjudiciables.

Par ailleurs, il faut reconnaître qu'au cours de leurs recherches, les radiesthésistes évoluent dans un monde inconnu. Lorsque plusieurs radiesthésistes travaillent sur le même objet, ils ont l'impression que non seulement une interférence se produit, capable de provoquer de graves erreurs, mais encore qu'en se concentrant sur le même objet, il semble que, contre leur volonté, une transmission de pensée s'établit.

Comment conduire les recherches sur photographie et sur planche anatomique ?

Un téléradiesthésiste assez expérimenté peut détecter sur la photographie d'une personne ou d'un être vivant, tout ce qu'il trouverait si la personne était présente. La photographie peut également être remplacée par un témoin imprégné des émanations de la personne à examiner. Ces témoins peuvent être une mèche de cheveux, un ongle, un mouchoir, un vêtement non lavé ou un spécimen d'écriture de l'intéressé. Le nom de la personne écrit par quelqu'un la connaissant très bien peut suffire. Si le radiesthésiste connaît très bien la personne à examiner, il pourra se passer de témoin, se contentant de former dans son cerveau l'image de la personne.

L'ÉTAT DE VIE OU DE MORT D'UNE PERSONNE

Vous commencerez par prendre une photographie et réglerez le pendule au-dessus du document. Vous le laisserez tourner, de préférence dans le sens des aiguilles d'une montre, pendant que vous prendrez mentalement ce que l'on appelle en radiesthésie une radiation générale.

Immédiatement, vous passerez l'index de la main gauche au-dessus du cœur sur la planche anatomique ou, si vous connaissez bien l'anatomie, au-dessus d'une planche mentale. À la place du doigt gauche, vous pouvez utiliser une pointe ou un crayon. Vous essaierez de repérer les battements du cœur, le pendule devant suivre exactement le rythme cardiaque. Si la personne est morte, le pendule s'arrêtera brusquement et restera immobile.

En certaines circonstances, il changera de mouvement et tournera dans le sens inverse. Dans ce cas, il faudra vérifier si le cœur fonctionne ou si la personne est morte. La pointe ou un morceau de soufre vous aidera dans cette tâche. Si la personne est morte, le pendule s'arrête, mais s'il tourne en sens inverse ou persiste dans son mouvement initial, on est probablement en présence d'une insuffisance cardiaque.

LES BLESSURES ET ANOMALIES

Les blessures et autres anomalies peuvent être découvertes de la même manière, à l'aide de la planche anatomique. Vous promènerez le pendule ou la pointe d'organe en organe, la persistance de la giration initiale étant un signe de bon état de l'organe.

L'oscillation du pendule signale au contraire qu'un organe souffre d'une lésion, et l'inversion du sens de rotation dénotera d'une grave affection réclamant une intervention médicale rapide.

Pour commencer, vous examinerez l'épiderme, faisant passer lentement le pointeau sur la surface du corps. Si le pendule change de mouvement, vous chercherez de quel mal il s'agit (cicatrice, blessure...). En pensée, vous augmenterez la profondeur à laquelle vous opérez. S'il s'agit d'une maladie de l'épiderme, le pendule reprendra son mouvement initial. En revanche, il continuera sur la lancée du second mouvement s'il s'agit d'une lésion interne dont vous trouverez la profondeur de la même manière. Vous vérifierez s'il s'agit d'une lésion ancienne ou récente à l'aide des instruments déjà décrits : pointe fine et morceau de soufre. En cas de lésion ancienne, maintenu au-dessus du soufre, l'instrument reprendra son mouvement initial. En cas de lésion récente, il continuera de tourner. On obtiendra les mêmes résultats en approchant le plus possible la pointe fine du pendule en mouvement.

L'habitude aide considérablement l'opération. Le pointeau promené à quelques centimètres au-dessus de la planche anatomique donnera aussi rapidement au pendule les indications demandées.

Tout ce qui concerne la recherche sur le corps humain s'applique à tout être vivant. Surtout, imposez-vous beaucoup de prudence dans la réalisation de telles investigations médicales, car seuls les téléradiesthésistes possédant également des connaissances médicales peuvent diagnostiquer la nature d'un mal.

L'étude des tempéraments, des caractères, des facultés

L'abbé Bouly écrit : « Il est possible de mesurer grâce au pendule la puissance des facultés intellectuelles. » À cela, Mertens ajoute que l'on peut aussi « mesurer les facultés, les caractères, les défauts moraux ». Pour cela, on utilise aussi la photographie de la personne étudiée au-dessus de laquelle on règle l'instrument radiesthésique, en même temps qu'on passe en revue le cadre prévu pour cet examen. La faculté est un pouvoir physique ou moral. Le caractère, lui, est une nature de l'âme, tandis que le tempérament est un état physiologique et, par extension, une constitution morale, une inclinaison provenant de la faculté et du caractère et peut-être de l'état de santé.

Pour étudier un caractère, une faculté, un tempérament, vous procéderez de la façon suivante : de la main gauche, ou simplement avec l'index de la main gauche, vous passerez en revue le cerveau du sujet, soit sur une planche anatomique, soit plus simplement sur la projection de ce cerveau que vous projeterez mentalement devant vos yeux. En même temps, vous verrez défiler dans votre cerveau un tableau prévu à cet effet et qui sert de support pour la mémoire. Mertens dit encore qu'il faut voir mentalement la représentation imaginée d'un être fortement doué d'une faculté, d'un caractère, d'un tempérament, comme si, devant vos yeux, défilait un film cinématographique. Le pendule réagira par une rotation vers la droite ou vers la gauche à l'instant précis où la représentation de la faculté, du caractère, du tempérament, passe devant vos yeux.

Pour certains radiesthésistes, la rotation est accompagnée d'une impression d'alourdissement du pendule. De plus, le sens de giration permet de faire une présélection. Lorsque la personne étudiée a un caractère lunatique, les girations vers la droite et vers la gauche se succèdent, et de façon d'autant plus marquée que le tempérament est fort.

Il est possible de mesurer l'intensité d'un élément du caractère en utilisant la règle graduée ou le rapporteur. Il faudra prendre au préalable une convention mentale d'estimation, par exemple : de 10 à 20 centimètre pour 100 % ou maximum de faculté, de caractère ou de tempérament. Sur le rapporteur, vous prendrez 180° comme maximum. Imaginez qu'en tenant l'index gauche ou le pointeau en antenne au-dessus de la règle ou du rapporteur, le mouvement du pendule change brusquement. Si cela se produit au-dessus du quinzième centimètre ou de 90° du rapporteur, vous pourrez en déduire que la force de faculté, de caractère, de tempérament est de 50 %, et ainsi de suite.

On peut également compter simplement le nombre d'oscillations ou de rotations comme nous l'avons déjà décrit auparavant. Le chiffre ainsi obtenu indique immédiatement le pourcentage recherché, en partant, bien sûr, d'une base conventionnelle.

Le diagnostic des défauts physiques et moraux

On peut déterminer par une méthode semblable si une personne souffre moralement. Cette fois, c'est le cœur que l'on interroge. Voici comment : placez l'index levé ou le pointeau dans la main gauche sur le cœur de la planche anatomique. Il y aura défaut physique ou peine morale si le pendule commence à tourner dans le sens contraire de celui des aiguilles d'une montre et si ce mouvement persiste.

Ce genre de recherches n'est pas recommandé avant d'avoir acquis une formation complète de téléradiesthésiste. Pour parvenir à un taux de succès suffisant, il faut s'exercer longtemps et avoir une grande habitude du maniement du pendule. Beaucoup s'interrogent sur la possibilité réelle d'établir un diagnostic des défauts physiques et moraux d'une personne absente, ainsi que de déterminer son caractère, ses facultés et son tempérament, par le simple biais d'un nom écrit par une tierce personne.

On peut aussi se demander comment l'examen d'un simple trait de crayon tracé par une tierce personne se concentrant intensément sur l'objet à examiner suffit au téléradiesthésiste pour donner une réponse. On suppose qu'au moment de tracer le trait de crayon ou le nom d'une personne, l'opération s'accompagne d'une projection mentale ou d'une projection de la vue sur le papier qui s'imprègne pendant un certain temps : « Une véritable photographie invisible de l'œil humain », ajoute Mertens.

Peut-il s'agir d'une transmission de pensée ? se demandent certains. Cela ne semble pas être le cas, parce qu'en l'absence de la personne qui a posé la question et écrit le nom, on peut toujours effectuer l'opération. Par ailleurs, lorsqu'il s'agit d'un diagnostic médical, ou de tares physiques internes, l'opérateur ignore souvent si la personne souffre véritablement des anomalies physiques détectées par le pendule.

Les erreurs en téléradiesthésie

Au cours des descriptions d'exercices de téléradiesthésie, nous avons signalé diverses sources d'erreur et les moyens d'y remédier. En voici une liste récapitulative :

– les déviations produites sur les plans ;

– les imprégnations mentales provoqués par le travail d'autres radiesthésistes et notamment celles engendrées par le travail lui-même ;
– les imprégnations dans l'espace ;
– les phénomènes de transmission de la pensée à distance.

QUELQUES RECOMMANDATIONS

• Ne travaillez pas sous pression. Ne précipitez pas les conclusions avant d'avoir vérifié les faits.
• Surveillez bien toute l'opération. Un simple moment de distraction suffit pour faire une erreur.
• Ayez l'imagination libre.
• Travaillez avec calme, sans vous énerver. Prenez, toutes les précautions possibles, car elles ne sont jamais inutiles.
• Il semble que les personnes nerveuses réalisent mieux leur travail que les lymphatiques. Les réactions des premières sont plus nettes, plus vives. Ce phénomène se présente de la même façon que la personne examinée soit vivante ou morte.
• Par les témoins, on retrouve les dernières impressions d'une personne décédée, en particulier si ces impressions ont été violentes.
• Essayez de savoir si les réactions sont dues à des phénomènes anciens ou récents. Si vous ne le faites pas, vous risquez de vous tromper lourdement sur le sens de l'interprétation.
• Certaines photographies semblent faire naître moins de réactions que d'autres. Les personnes photographiées semblent être moins dociles aux réactions téléradiesthésiques. Cela est confirmé par le fait que les autres témoins de ces personnes ne réagissent pas plus.
• On a constaté que le travail en public est parfois si difficile, surtout s'il y a des gens de mauvaise foi, que le téléradiesthésiste est pris de tremblements nerveux, il a des sueurs froides et de violentes émotions. Avec beaucoup de volonté, on parvient à éviter les influences pernicieuses des personnes défavorables.

La prédiction de l'avenir

L'avenir ne nous appartient pas. « Seul Dieu peut en disposer. » Mertens dit que les quelques incursions qu'il a faites dans le futur ont toujours montré qu'en réalité, il capte le présent et, qu'en même temps, il capte le désir de voir se réaliser telle ou telle chose.

Cela confirme l'existence d'idées matérialisées, d'idées-pensées collectives « circulant dans la radiation des espaces intérieurs ». Mertens dit aussi qu'après la Seconde Guerre mondiale, il lui vint l'idée de chercher, à l'aide du pendule, la date des retours éventuels des compatriotes résistants ou prisonniers. Il fut très surpris de constater qu'au dire des personnes concernées, les dates qu'il avait prévues s'étaient dans l'ensemble révélées exactes. Quelle était sa méthode ? Celle de compter, puis de vérifier ses prédictions les yeux fermés sur la règle graduée. Il confie qu'il s'est aussi trompé, mais ses erreurs étaient minimes et l'ont remis sur le chemin de la vérité. En fait, au cours des jours qui suivirent, des personnes vinrent le voir en lui disant qu'en effet telle ou telle personne qui leur était chère était revenue à la date indiquée, ou au moins avaient-ils reçu à cette date des nouvelles de l'absent, par lettre ou par message transmis par un tiers.

Parfois, la personne attendue n'est pas réapparue ce jour-là. Mais en poussant plus avant ses recherches, Mertens a pu vérifier que, chaque fois, la date correspondait à un début ou une idée de retour. Cela le poussa à penser que ce phénomène n'était autre qu'une transmission de pensée traduite par le pendule, voire une mise en communication directe, *via* le pendule, de son cerveau et de celui du sujet dont le témoin lui était soumis. Pour une seule et même personne, il avait fixé successivement trois dates. Le surprenant est que chacune d'elle coïncidait à une amorce de retour. Aujourd'hui, on ne met plus en doute la prévision. On reconnaît, cependant, que c'est un phénomène surprenant qui, un jour prochain, sera expliqué, comme on explique la télévision ou l'énergie nucléaire, bien qu'il soit de nature différente. Pour ce qui est de lire dans l'avenir, nous ne pouvons nier cette possibilité.

Le grand physiologiste et chirurgien français Alexis Carrel, premier prix Nobel de médecine et auteur de l'ouvrage *Les régions inconnues de l'homme*, a dit : « Si un jour on découvre que la pensée se propage dans l'espace comme la lumière, nos idées sur la constitution de l'univers devront être modifiées. Notre indépendance complète des autres individus et du monde cosmique est une illusion. » Il ajoute : « Les faits de prédictions de l'avenir nous conduisent au seuil d'un monde inconnu. »

Finalement, n'oublions pas que radiesthésie et téléradiesthésie ouvrent des perspectives remarquables dans l'avenir et que l'étude patiente et constante nous fera découvrir un monde totalement différent de celui que nous imaginons.

La radiesthésie et la téléradiesthésie dans la vie

La radiesthésie et la téléradiesthésie, comme toutes les autres disciplines, ont leurs professionnels et leurs adeptes, ceux qui les pratiquent de façon désintéressée, mais aussi leurs charlatans. Aucun praticien de la radiesthésie ne peut prétendre détenir la méthode la plus infaillible et la plus exacte. Il est évident que la réalité des phénomènes radiesthésiques n'est prouvée que par les résultats tangibles obtenus et non pas par des explications hypothétiques.

Afin d'éviter toute confusion avec certaines branches de l'occultisme que seuls peuvent pratiquer quelques professionnels expérimentés, le professeur Moine explique que les radiesthésistes doivent se contenter de chercher des objets, certes, occultés mais qui ont une existence bien réelle. De plus, j'ajoute, avec Mertens, qu'il ne faut pas se lancer à la recherche de l'avenir avec un pendule. « La vocation principale de la radiesthésie ne peut être assimilée à la voyance », nous dit Mertens. Par ailleurs, à propos des théories explicatives, nous avons pris le parti de ne pas reprendre toutes les interprétations religieuses ou mystiques du phénomène radiesthésique.

Selon Moine, nous devons prendre en compte les hypothèses plus simples et proches de la psychophysiologie moderne, « repoussant systématiquement toute interprétation d'inspiration religieuse ». Il vaut mieux nous cantonner à notre époque empreinte de rationalité et d'objectivité.

Les prévisions météorologiques

On peut prévoir le temps par radiesthésie. Voyons comment : pour obtenir des prévisions pour une région déterminée, on utilise une carte géographique sur laquelle on trace un cercle délimitant la zone étudiée. Le pendule sera placé au-dessus de ce cercle.

Le professeur Moine donne la liste suivante d'éléments utiles au radiesthésiste pour ses prévisions. Témoins : soleil, pluie, bourrasque, grêle, neige, gelée, brouillard, vent chaud, vent froid, nuageux, tempête, tremblement de terre, mouvements sismiques, beau temps, temps variable, sec, humide, température : de 1 à 60 °C.

Les prévisions météorologiques peuvent se faire à très long terme, parfois jusqu'à un an à l'avance.

Imaginons que nous voulions savoir quel temps il fera à Rome le 7 juillet, entre 9 heures du matin et 20 heures. On commencera par se procurer une carte de la région de Rome. On tracera au crayon un cercle autour de la ville. Les prévisions ne concerneront que cette zone. Immédiatement, on place le pendule au-dessus de la circonférence et on oriente sa pensée vers la pluie par la convention mentale suivante : « Si le 7 juillet, entre 9 et 20 heures le temps est pluvieux à Rome, mon pendule tournera. »

S'il n'y a pas de réaction, on passera à « soleil » et ainsi de suite, en conservant toujours la même convention mentale pour ce qui est de l'heure et du lieu. Après avoir passé en revue tous les éléments météorologiques, on obtiendra une prévision détaillée : température 25 °C, vent chaud, ciel dégagé, etc. Rien ne vous empêche d'étudier l'évolution du temps heure par heure.

La psychoradiesthésie

C'est l'une des branches les plus intéressantes de la radiesthésie qui consiste, d'après J. Viladeval, à étudier le caractère, les facultés intellectuelles, les aptitudes et les tendances, les sentiments et la moralité d'une personne par des méthodes radiesthésiques. En d'autres termes, « il s'agit de l'analyse psychologique complète d'un individu réalisée pour une meilleure connaissance de sa propre personnalité. »

Le pendule est sans doute l'instrument le plus utile en matière de psychoradiesthésie. Sa couleur et le matériau qui le compose ont peu d'importance. La forme sera sphérique, de préférence.

Il faut travailler dans des conditions ambiantes favorables. Le mieux sera d'être seul, en un lieu agréable et commode, sans personne pour troubler l'opérateur. De cela dépend beaucoup la réussite ou l'échec de l'examen psychoradiesthésique. Dans certains cas, le psychoradiesthésiste ne peut travailler seul, en particulier lorsqu'il doit donner un diagnostic psychologique. Il doit alors opérer sur la personne elle-même.

Du fait de leur nature, les expériences de psychoradiesthésie sont souvent effectuées en laboratoire. La psychologie, telle que nous l'entendons en radiesthésie, possède un vaste champ d'exploration. On peut, par exemple, découvrir les qualités et les défauts d'un individu, ou prévoir si deux conjoints continueront à s'entendre tout au long de leur vie.

Il est difficile de se procurer des témoins comme ceux qui sont utilisés dans les recherches habituelles, car la psychologie est un ensemble complexe de dispositions affectives et d'états d'esprit. On devra donc se contenter de listes et imaginer mentalement la qualité ou le défaut que l'on tente de découvrir chez la personne examinée.

Pour savoir si une personne est d'humeur changeante, le professeur Moine recommande de toujours opérer sur un témoin de la personne en question et de formuler la convention mentale suivante : « Si X est habituellement d'humeur changeante, mon pendule tournera. »

Voici une liste de témoins couramment employés dans la recherche psychoradiesthésique :
- aptitudes intellectuelles, mémoire, imagination, intelligence, etc ;
- avidité, égoïsme, désintéressement, orgueil, modestie, etc. ;
- activité, fermeté, courage, couardise, faiblesse, etc. ;
- bonté, méchanceté, gentillesse, etc. ;
- défauts intellectuels, stupidité, incompréhension, etc. ;
- émotivité, joie, tristesse, inquiétude, humeur égale, etc. ;
- jugement, clair, confus, absurde, raisonnable, etc. ;
- sociabilité, hypocrisie, honnêteté, perfidie, etc.

La métapsychique

Dans son *Cours de Philosophie*, le cardinal Mercier, illustre radiesthésiste, dit : « Toute perception tangible est une opération hyperphysique. » Il s'ensuit que nos propres frontières, celles de notre corps, ne se trouvent pas là où l'on pense qu'elles sont.

Pour Mertens, la métapsychique peut se concrétiser en un seul et unique phénomène que l'on appelait voyance ou intuition et que l'on appelle maintenant, avec des nuances de détail, télépathie, télesthésie, cryptesthésie, psychométrie, métagnomie et clairvoyance. Tous ces phénomènes hyperphysiques contribuent parfois par leur côté sensitif dans les expérimentations de radiesthésie et de téléradiesthésie, sans y appartenir totalement.

- La téléphatie est la transmission de pensée et la lecture à distance de la pensée d'autrui.
- La télesthésie est semblable à la cryptesthésie. Charles Richet créa ce mot pour désigner la perception des choses méconnues ou occultes, grâce à une hypersensibilité.
- La psychométrie est la description à distance d'une personne, de ses faits et gestes, des lieux où elle se trouve, par simple contact avec un objet lui ayant appartenu ou qu'elle a touché.
- La métagnomie est la lecture à distance d'un écrit occulté ou la connaissance d'objets que l'on ne voit pas.
- La clairvoyance, ou double vision, est la vision intérieure ou mentale d'événements passés, présents et futurs, à distance.

Observez que les nuances sont peu marquées. Seules la métagnomie et la clairvoyance ont un sens non générique. Dans cette catégorie de phénomènes se classe la télépathie, ou lecture de la pensée à distance.

Au fond, la dénomination des phénomènes importe peu. Ce que l'on ne peut mettre en doute est l'existence des faits psychiques, cause formelle de l'acte de perception. La téléradiesthésie se distingue très peu des phénomènes précédents.

Il est évident que les phénomènes hyperphysiques offrent un intérêt réel et que les activités mentales, si on les étudiait objectivement et sans préjugés, pourraient être considérées à l'égal des activités physiologiques. On sait que leur étude exige beaucoup de patience et de ténacité. L'étude de la philosophie et de la physique semble moins ardue, car ce sont des sciences plus stables, moins fugaces. À l'opposé, les phénomènes hyperphysiques ne se laissent pas rationaliser, ils ne sont pas mesurés. Ce sont des éléments « bohémiens » de la science.

Une clairvoyance merveilleuse

Les voyants sont des personnes douées qui provoquent facilement certains phénomènes hyperphysiques. Je ne parle pas de Monsieur X ou Madame Y, pseudo-super-voyants qui sont, en réalité, de véritables charlatans. Non, il existe bien des personnes réellement douées de clairvoyance.

Mertens cite madame Suzanne Lagrange, de Bruxelles, clairvoyante née, qu'il considère comme la plus douée qu'il ait connue de sa vie. Dotée d'une hyperesthésie extraordinaire, elle respire fortement par les narines les objets qui lui sont présentés pour examen. Elle sent, elle comprend et elle voit. Très rares sont les erreurs commises, et jamais de sa faute. Voici quelques-unes de ses prouesses les plus connues, relatées par Mertens : un jour, au cours d'une réunion privée d'une quinzaine de personnes, on remit à madame Lagrange une enveloppe cachetée. La voyante décrivit le fils de la personne qui lui avait donné ce pli, ajoutant :

– « Il est très contrarié par un robinet qui ne cesse de couler. » La personne ouvrit l'enveloppe et vit qu'elle contenait un mouchoir de son fils. On sut ensuite que depuis quelques jours, un robinet coulait dans la salle de bain du jeune homme.
– « Le mouchoir sent le cheval » ajouta encore madame Lagrange. En effet, il était officier de cavalerie.

Une autre personne remit à la voyante une pièce d'un avion accidenté, ainsi que la casquette du pilote de cet avion. Madame Lagrange décrivit l'accident dans ses moindres détails. Elle dit comment étaient les passagers, les pilotes et l'équipage dans la carlingue. Elle expliqua aussi le parcours de l'avion et la cause de la catastrophe.

Ensuite, on lui présenta une enveloppe de la taille d'une carte de visite. Une fois qu'elle l'eût humée avec force, elle dit :

– « Il me semble que je suis couchée dans un cercueil embaumé. On joue de la musique sacrée. Des cierges brillent tout autour. » Puis, s'adressant à la personne qui lui avait donné le pli, elle ajouta :

– « Vous possédez deux objets identiques à celui que vous me faites examiner. »

Tout cela était, encore une fois, d'une parfaite exactitude, une merveille. L'enveloppe contenait un cheveu du cardinal Mercier dont madame Lagrange avait commencé à décrire les funérailles. La personne reconnut qu'elle avait eu en sa possession deux cheveux du cardinal, mais qu'elle en avait donné un à une amie quelques jours auparavant.

Sans doute, ces phénomènes de psychométrie ou de clairvoyance ont-ils de quoi impressionner. Un médecin participant à la réunion donna à la voyante un objet appartenant à l'une de ses patientes. Immédiatement, elle en fit la description : « Femme âgée qui portait un petit châle blanc sur les épaules, châle qui l'ennuyait, car il tombait sans cesse... » Elle décrivit ensuite certains maux dont souffrait la malade. Tout, y compris le détail du châle qui ne tenait pas en place, était exact. La clairvoyance portée à son comble !

Une femme présenta une montre à madame Lagrange. Elle fit immédiatement la description de la jeune fille qui avait porté cette montre, spécifiant qu'elle était actuellement religieuse, qu'elle se trouvait dans un pays éloigné. En effet, cette montre avait appartenu à la fille de la femme qui la portait et elle était entrée dans un ordre contemplatif en Italie.

Mertens soumit à son tour à la célèbre voyante une enveloppe qui contenait une relique. Madame Lagrange, après l'avoir sentie, dit ceci :
– « Il y a deux morts... un noyé et un qui s'exaltait... » C'était exact. Simplement, dans le portefeuille de Mertens, la relique avait touché la photographie du disparu. Mertens avait lui-même recherché ce disparu et l'avait localisé au fond d'un canal grâce à la téléradiesthésie.

UNE BELLE EXPÉRIENCE

Au cours d'une autre de ces réunions, Mertens soumit à madame Lagrange un carnet sur la couverture duquel on avait écrit un mot au crayon pendant la guerre 14-18. Lorsque la voyante prit contact avec cette écriture, elle obtint les résultats les plus surprenants : description des personnes qui, à cette époque, rencontrèrent Mertens, citation des noms de baptême (vingt-cinq ans après les événements), circonstances dans lesquelles avait été tracé le trait de crayon, dispute qui avait suivi ce geste, pour qui et pourquoi il avait été fait, lieu où était resté le carnet... Elle décrivit aussi la mansarde où se trouvait la mallette qui avait contenu le carnet ainsi que le contenu de la mallette... Elle relata les faits et gestes des personnes qui avaient assisté à cette scène et dont le radiesthésiste lui-même ignorait tout. Tous les détails, même les plus secrets et personnels que madame Lagrange avait révélés étaient exacts. Mertens confesse que ce fut l'une des plus belles expériences qu'il lui ait été donné de vivre. La voyante avait porté sa vision plus loin que le passé et le présent, elle avait lu dans les âmes de personnes qui n'étaient même pas présentes à la réunion.

Il convient de dire que madame Lagrange conserve toute sa lucidité pendant ses expériences éprouvantes. Il est surprenant de la voir prendre part à la conversation générale.

Mertens lui soumit encore une enveloppe contenant un fragment d'os qu'il avait recueilli dans l'une de ses fouilles en l'abbaye de Villiers. Madame Lagrange fit une description complète d'un moine cistercien, son habit blanc, son mode de vie, sa façon de se comporter et les travaux qu'il faisait dans les bois. Elle parla de sa mort, l'endroit où il fut enterré et la manière : le visage tourné vers le bas, montrant le dos. Elle donna encore de nombreux autres détails, tous plus saisissants les uns que les autres.

L'erreur est humaine

Dans son ouvrage *La légende dorée des guérisseurs*, Noël Bayon écrit : « La radiesthésie est une secte de l'espèce délirante qui croît sur un fumier de mensonges. »

On peut y lire aussi le dialogue suivant :

- « J'ai lu une douzaine de livres sur la radiesthésie... Je suis totalement déconcerté, je ne comprends rien ! Tous les auteurs se contredisent. Tout ce que fait mon pendule, c'est de rester immobile.
- Le mien, au contraire, est animé d'un mouvement perpétuel. Je ne crois pas du tout au résultat de mes expériences.
- Alors, qu'est-ce que la radiesthésie ?
- C'est une blague inoffensive ! »

Ce genre de réflexion illustre bien la situation embarrassante dans laquelle se trouve la radiesthésie, « à l'heure actuelle par une prolifération anarchique de théories et de méthodes qui font, bon gré mal gré, le jeu de ses détracteurs ».

Heureusement, il existe des observateurs attentifs qui, sans faire cas des exagérations, s'efforcent d'être objectifs. Après une pratique quotidienne de la radiesthésie, dans la volonté et la foi, ils peuvent témoigner : « La radiesthésie existe : je l'ai rencontrée ! »

En tous cas, la radiesthésie est à la portée de tous. Elle capte à courte distance certains effluves, certaines émanations des corps organiques et inorganiques. Il n'est pas surprenant que l'éminent Georges Lakhovsky écrive ces lignes : « L'idée de la vie de l'homme continue de vibrer éternellement au-delà de la mort de la personne qui a produit cet ensemble de vibrations. »

La radiesthésie est purement sensorielle et peut, avec certaines nuances, être perfectionnée, en suivant la méthode scientifique des recherches physiques et biologiques.

En téléradiesthésie, ce n'est pas la même chose. La part humaine intervient davantage. En effet, on capte les effluves purement physiques ainsi que bien d'autres émanations plus subtiles telles que la radiation de la pensée, le subconscient ou l'intuition qui, malgré ce que disent certains auteurs, existent réellement.

En ce qui concerne les phénomènes connexes de cryptesthésie et de voyance, il faut signaler qu'ils sont fragiles. Il s'agit de phénomènes inexpliqués. En appeler aux sciences physiques et biologiques pour les expliquer est pure utopie.

En tout état de cause, il faut reconnaître que radiesthésie, téléradiesthésie et phénomènes connexes se mêlent et forment une progression descendante ou ascendante, selon l'interprétation : descendante, en ce sens que plus on avance dans l'étude des phénomènes, plus on voit la nécessité d'abandonner les conceptions du monde spatial, du monde rêvé par les matérialistes ; ascendante, parce que, plus on progresse, plus les phénomènes sont difficiles à étudier et à comprendre. Ils se font chaque jour plus subtils. Comme le dit Mertens, ils sont moins matériels, car ils se rapprochent sans cesse de l'esprit, de la pensée.

Entre-temps, les hommes de la science positive qui n'acceptent toujours pas les phénomènes connexes, ou ceux de la radiesthésie, objectent que l'on commet de graves erreurs. Bien sûr que l'on commet de graves erreurs, et d'autant plus que l'on s'écarte des phénomènes sensoriels. Pourtant, c'est l'étude objective et raisonnée qui permettra sans doute de pallier cet état de choses.

L'erreur est humaine. Savoir se corriger est la voie ouverte à la vérité. Les erreurs sont souvent utiles et salutaires pour parvenir à des déductions et bâtir des certitudes.

Ainsi s'écrit l'histoire

Quiconque doué de raison objective ne s'étonnera pas des erreurs en radiesthésie et surtout en téléradiesthésie. Un chirurgien de grande réputation peut rater une opération, et son patient mourir. Pourtant, on ne peut l'accuser de n'avoir pas pris de précautions suffisantes ni d'avoir manqué de connaissances scientifiques et techniques. On se gardera de le critiquer, même si le patient est mort. En revanche, qu'un radiesthésiste ou un téléradiesthésiste vienne à commettre une erreur et les gens crient au scandale et critiquent à qui mieux mieux. Est-ce bien raisonnable ?

En novembre 1939, un magazine de Bruxelles publiait l'information suivante : « Un noyé mystérieux à Bruges. Dimanche soir, on a sorti des eaux du canal de Schipdonck à Ostekerke-les-Bruges le corps d'un jeune homme qui flottait à la surface. Il s'agissait de G. Sch., dix-neuf ans, peintre, sans travail, domicilié rue..., disparu depuis une quinzaine de jours dans des circonstances mystérieuses... Il était parti à bicyclette pour aller, comme d'habitude, chercher du bois sec aux environs de la ville. On ne le revit plus... Dernièrement, on a sondé les canaux. On a aussi fait appel à un téléradiesthésiste de Bruxelles, sans résultat. »

Mertens était le téléradiesthésiste en question. Et il localisa le corps, mais personne, ni la presse ne se préoccupa de le féliciter pour sa réussite, ni même de citer son nom. Mertens commente : « C'est ainsi qu'on écrit l'histoire de la téléradiesthésie. Avez-vous jamais lu dans un journal le reportage d'un seul de ses succès ? »

Personne ne prétend nier les erreurs commises, d'autant qu'elles sont aussi excusables que celles des chirurgiens et des professionnels en général.

Nous demandons seulement si cela n'est rien de trouver en un lieu bien déterminé le corps d'un disparu que la police cherchait en vain depuis des jours, de donner sa description, de décrire ses blessures, indiquer l'état de vie ou de mort...

Il est vrai que certaines recherches manquent d'assurance. Cela se comprend, surtout pour les phénomènes connexes et de téléradiesthésie. Mais il est souhaitable, que dans un avenir proche, les sceptiques et les détracteurs n'aient d'autre ressource que de reconnaître et même d'admirer la réalité de cet art-science.

Une importante mission

Il est évident que la radiesthésie et la téléradiesthésie ont un bel avenir. Les secrets de la nature sont occultes. Qui dit nature, dit science. La nature agit sans cesse, mais on n'en décèle pas forcément les effets. Seul le temps les révèle. Le monde nouveau est l'inconnu, mais aussi l'espoir du lendemain. Que nous le voulions ou non, la société future s'inspire de nouvelles conceptions. « Notre espérance est immense... dit Mertens. Nous entrevoyons un monde inexploré, plein de mystères, et notre attente s'étend au-delà de l'univers visible et, pour le moment, tangible. »

L'ennui, c'est que notre misérable intelligence humaine ne permet pas tant d'espoir. Dans le domaine qui nous intéresse, nous progressons lentement.

Par ailleurs, ne confondez pas radiesthésie et téléradiesthésie avec spiritisme. On sait que certains individus peu honnêtes emploient le pendule pour des résultats qui n'ont rien de commun avec la radiesthésie belle et bonne. Mieux vaut les ignorer.

Teilhard de Chardin, philosophe et théologien français, dit que l'homme, s'il veut jusqu'au bout rester fidèle à son attitude de découverte, devra en même temps se plier à un réajustement complet de sa vie intérieure.

En réfléchissant, vous comprendrez que le rôle de l'humanité ne consiste pas uniquement à modeler la matière... Il est plus intellectuel, et son but plus vaste et plus sublime... Nous avons tous une importante mission à réaliser ici bas. En découvrant petit à petit les splendeurs de la nature, nous découvrons aussi son auteur... Le radiesthésiste docteur en médecine, André Besson, écrit dans son livre *Les nouvelles perspectives* : « La matière ne porte pas en elle ni sa raison d'être ni la raison d'être de l'humanité. »

Pour conclure, disons que la mission de ceux qui travaillent honorablement dans le vaste domaine de la radiesthésie et de la téléradiesthésie n'est autre que d'ouvrir des voies nouvelles, de travailler sans égoïsme et de servir l'humanité.

Les découvertes célèbres

Les Beausoleil et leur drame

Le baron de Beausoleil et son épouse Martine de Bertereau possédaient un appareillage impressionnant qui les aidait dans leurs recherches radiesthésiques.

En France même, ils firent d'innombrables expériences. Ils ont à leur actif la découverte de plus de cent cinquante gisements minéraux, de pierres précieuses, de sources par centaines aux propriétés bénéfiques diverses.

En 1629, Martine de Bertereau découvrit une source d'eau minérale à Château-Thierry, baptisée fontaine du « Mont-Martel » et actuellement propriété de la ville de Château-Thierry. Une plaque commémorative y a été apposée lors du IVe Congrès international de radiesthésie, en juillet 1935.

Les Beausoleil furent pourtant victimes de l'ingratitude des grands de l'époque. Soupçonnés de magie et de sorcellerie, ils furent emprisonnés sans jugement et tous deux moururent en prison.

Le fameux Aymar

Ce paysan du Dauphiné avait la réputation d'être l'un des meilleurs devins de son époque. On l'a appelé « le Sherlock Holmes du XVIIe Siècle » du fait du grand nombre d'arrestations qu'il réussit en pratiquant son art.

Un jour, alors qu'il cherchait une fontaine, le hasard voulut qu'avec sa baguette, il découvrit le corps d'une jeune femme étranglée. Elle avait disparu depuis plusieurs mois sans que personne n'ait retrouvé sa trace. La justice du roi, à laquelle Aymar avait déjà rendu service, lui demanda alors de rechercher le criminel. Le magicien se mit immédiatement au travail et c'est en compagnie des autorités qu'il se présenta au domicile de la victime. Tous les occupants de la maison passèrent sans problème à l'épreuve de la baguette, « à la seule exception du mari, devant lequel l'instrument se mit à tourner avec frénésie. »

– « Voici l'assassin ! » cria Aymar, plein d'assurance.

Se voyant démasqué, l'homme tenta de prendre la fuite. Ce faisant, il ne fit que confirmer sa culpabilité et l'expertise du sourcier en la matière.

En 1688, le procureur du roi à Grenoble, informé des succès et de la célébrité d'Aymar, fit appel à lui pour découvrir les auteurs d'un vol commis dans sa ville. Conduit au lieu du méfait, la baguette du sourcier réagit immédiatement et à la sortie de la maison, indiqua la direction qu'il fallait prendre. De rue en rue, en suivant les indications données par la baguette, Aymar et les délégués des autorités qui l'accompagnaient parvinrent à la prison de la ville, puis à la porte d'une cellule où l'on s'apprêtait à enfermer quatre hommes. En présence du juge, le sourcier fit s'aligner les malfaiteurs. Devant le premier, la baguette ne bougea pas, mais devant le second, elle commença à s'agiter violemment.

– « Je ne suis pas coupable, je le jure ! » s'écria l'homme ainsi accusé.

Devant le troisième larron, la baguette resta immobile, devant le quatrième, la baguette réagit fortement. Terrorisé, le voleur ainsi démasqué admit sa culpabilité et dénonça le second, son acolyte, ainsi que le receleur. De plus, comme ce dernier ne voulait pas avouer, ce fut encore grâce à la baguette d'Aymar que l'on put récuperer les objets volés.

Sourcier à l'âge de sept ans

Un jour de l'an 1781, l'enfant Barthélemy Bleton, assis sur une pierre, ressentit une fièvre qui disparut lorsqu'il changea de lieu. Mais lorsqu'il se rassit au même endroit, la fièvre, s'empara de lui de nouveau. Instruit de cet événement insolite, le prieur de la Chartreuse où l'enfant se trouvait en pension eut l'idée de faire excaver la terre sous la pierre. Une source souterraine surgit avec force. C'est ainsi que Bleton sut qu'il était sourcier. Il n'avait que sept ans. L'étonnant dans cette affaire sont les moyens étranges qu'il utilisait. En effet, quand il opérait, il pouvait se passer de la baguette.

Chaque fois qu'il faisait une expérience, « la présence d'un cours d'eau souterrain provoquait en lui des tremblements nerveux, indiquant l'issue positive de sa recherche. Ce phénomène s'accompagnait d'angoisse et de l'impression d'être pris d'une fièvre. »

D'après M. Moine, de qui nous tirons certains éléments de l'anecdote, les symptômes que présentait Bleton étaient plus ou moins marqués selon l'importance et la profondeur de la source. S'il essayait d'utiliser une baguette, celle-ci était projetée en l'air violemment lorsqu'il passait au-dessus d'une source souterraine.

À la cour de France, où Bleton fut appelé par les rois, il réalisa des expériences qui suscitèrent l'enthousiasme général. Sur la demande de Marie-Antoinette, il découvrit des fontaines qui alimentèrent le Trianon. Devant une assistance nombreuse et attentive, il retrouva le tracé exact de l'aqueduc souterrain d'Arcueil.

Une réussite sans précédent

En 1904, le sourcier Grisez fit une découverte sensationnelle : il mit à jour les mines de potasse d'Alsace, à Wittelsheim, près de Thann. Non seulement il indiqua l'endroit où il fallait creuser, mais il précisa aussi l'épaisseur de la couche qui était de 400 mètres. Notons au passage que ce triomphe valut au sourcier Grisez une prime de trois millions de francs de l'époque. Au cours de ses expériences il utilisait une baguette en fanon de baleine, et « il ne pouvait se servir de baguette de métal ni d'aucun pendule. »

L'émerveillement de l'abbé Carrié

Ce fut par le plus grand des hasards que l'abbé Carrié débuta dans la carrière de radiesthésiste. En effet, un beau jour, au cours de l'une de ses promenades habituelles, il ramassa dans la prairie un fil de fer complètement rouillé. À peine l'avait-il pris en main qu'il se mit à bouger comme un serpent. Surpris, et même effrayé, l'abbé lâcha le morceau de métal oxydé. Il le reprit et le même phénomène se produisit. Intrigué, l'homme d'église voulut connaître la raison de ce phénomène. Il finit par se rendre compte que ce mouvement étrange ne se produisait que lorsqu'il passait à un endroit précis du champ. Ce jour-là, il creusa la terre à cet endroit et découvrit un bloc de minerai de plomb. C'est ainsi que naquit sa vocation de radiesthésiste.

Un pacte avec Satan

Le célèbre abbé Mermet, « prince des sourciers », pratiquait la téléradiesthésie, c'est-à-dire la prospection à distance, avec une précision surprenante. Un jour, voulant essayer son nouveau procédé de recherche téléradiesthésique, il demanda à son ami l'abbé Racineux qu'il lui envoie un plan de sa maison et de son jardin afin de détecter à distance, avec son pendule, « ce qu'il y avait d'or, d'argent et de charbon dans la maison », à une heure et un jour déterminé. Racineux envoya le plan demandé et reçut peu après une réponse véritablement surprenante. En date du 12 mai 1919, Racineux écrivit à Mermet la lettre suivante :

« Cher Mermet,

J'espérais votre réponse avec grande impatience. À dire vrai, je ne comprends rien à votre nouvelle méthode. J'en suis abasourdi. Comment pouvez-vous, à la distance de 1,015 kilomètre qui sépare Pornic de Landeron, déterminer de manière si précise les objets cachés, leur quantité, leur emplacement et le jour et l'heure où une personne les a cachés là ?

Pourtant, c'est bien ce qui s'est produit. Le curé de la paroisse de Pornic, l'abbé Louet, à qui j'ai donné à lire votre première lettre ne peut y croire et m'a dit : "Vous êtes tous deux des farceurs, à moins que vous n'ayez pactisé avec le Diable...". J'espère que vous ne vous offenserez pas de ses paroles.

Quoi qu'il en soit, cher ami, c'est une complète réussite.

C'est en effet jeudi, entre dix heures moins le quart et dix heures du matin que j'ai caché mon argent, qui se montait à 400 francs en monnaie d'argent. Vous dites vous-même, avec une précision remarquable, 375 francs en monnaie ou billet. J'ai en effet placé cet argent dans le tiroir de mon bureau, à 0,80 m de la cheminée, non pas à 1,50 m, mais le croquis que je vous ai envoyé était imprécis.

Certainement, comme vous le dites vous-même, je ne possède pas d'or. Je l'ai donné pour la défense nationale, sauf une montre, souvenir de famille, qui se trouvait dans un tiroir de droite, ce que vous n'avez pas manqué d'indiquer.

Ce qui m'a le plus surpris est la présence de charbon que vous révélez dans la partie sud-ouest de mon jardin, et selon le plan, dans la remise. Le plus beau, c'est que je ne me souvenais pas moi-même qu'il me restait, depuis 1911, entre 28 et 30 kilos de boulets, à moitié cachés par des branchages.

Ma surprise n'a fait que grandir lorsque vous signalez l'existence d'une quantité plus réduite de charbon de bois dans cette remise. J'ai vérifié, et en effet, j'en ai trouvé 12 à 15 kilos.

À la vérité, votre nouvelle méthode de radiesthésie à distance est admirable, surtout par son extrême précision... Aujourd'hui, pour votre tranquillité, je vous envoie ces lignes. Lorsque j'aurai plus de temps, je vous écrirais plus longuement.

Avec mes amitiés sincères, recevez, cher ami, les salutations cordiales de votre dévoué »

Racineux

Le premier radiesthésiste au monde

Le célèbre abbé Bouly est connu comme « le père de la radiesthésie ». En 1910, il fut nommé à la paroisse d'Hardelot, petite station balnéaire du Pas-de-Calais. C'est là qu'il découvrit sa vocation de sourcier. Alors qu'il se promenait avec un ami, grand amateur de magie, la baguette qu'il avait ramassée par jeu commença à s'agiter à l'approche d'une fontaine. Ce fait l'intrigua. Il chercha à le reproduire, et s'aperçut avec surprise que cela se reproduisait chaque fois. À partir de ce moment-là, il ne cessa de s'intéresser à ce phénomène qu'il baptisa peu après « radiesthésie » et qui lui valut la célébrité.

Ses réussites furent innombrables. Il se rendit à de nombreuses invitations de consultation dans divers pays étrangers parmi lesquels la Roumanie, la Pologne, l'Espagne, le Portugal, etc. L'abbé Bouly localisa de nombreuses sources, des mines, et fit la découverte de cimetières mérovingiens et de souterrains dans les châteaux féodaux.

À la fin de la Première Guerre mondiale, le ministre de la Guerre du gouvernement français le chargea de la délicate mission qui consistait à rechercher les obus n'ayant pas explosé sur les champs de bataille, tâche qu'il exécuta avec courage et qui évita bien des malheurs.

Sa spécialité était la découverte de nappes phréatiques à de grandes profondeurs. Il en déterminait l'importance et la qualité. Ses diagnostics médicaux étaient aussi très sûrs. On venait le consulter de partout. Il était bien accueilli dans les hôpitaux, car on voyait en lui un homme de science, non pas un charlatan. Les médecins l'aidaient avec plaisir dans ses expériences.

En 1950, le gouvernement français donna au « premier radiesthésiste du monde » la croix de chevalier de la Légion d'honneur.

La montre de Lindberg

Pendant des années, le fameux radiesthésiste Joseph Treive fit des découvertes par milliers, presque toutes certifiées par des lettres signées de la main des intéressés. Parmi ses clients « convaincus » se trouvent deux hommes de prestige : Alexis Carrel, prix Nobel de médecine et Charles Lindberg, le grand aviateur.

M. Moine rapporte que le docteur Alexis Carrel rendit visite à Treive, et lui montrant une montre-bracelet, lui demanda :

- « Pourriez-vous me dire à qui appartient cette montre ? » Treive décrivit le propriétaire de la montre, son aspect physique et son âge.
- « Voyons si vous avez raison » dit l'interlocuteur, faisant entrer Lindberg qui attendait dans la pièce voisine. La description était absolument exacte.

Treive raconte une autre expérience qu'il fit chez madame Carrel dont le mari était parti s'installer à New York.

- « Je lui dis : New York est à mille kilomètres d'ici, mais je vais essayer de décrire le cabinet du docteur, voir comment il s'installe à sa table de travail et comment il travaille. Je vois deux meubles. Sur l'un d'eux, un objet d'art qui émet d'intenses radiations et qui impressionne mon cerveau de manière extraordinaire. Je vais essayer de le dessiner. Je commençai par effectuer une série de points. Cela fait, je demandai au pendule qu'il les réunisse, puis je dit à madame Carrel que cela me suggérait une ballerine devant un miroir. »

Nous ne savions pas exactement ce que cela représentait. madame Carrel décida d'envoyer le dessin à son mari. Peu de temps après, elle m'écrivit ce qui suit.

« Hier, j'ai reçu la réponse de mon mari au sujet de l'orientation de son bureau à New York qui est effectivement nord-ouest, sud-ouest. De plus, il y avait pendant un moment une figurine de Tanagra représentant une ballerine avec les bras levés au-dessus de la tête devant une tenture. Il y a peu de temps, cette statue s'est cassée et on en a jeté les morceaux ».

La piste du noyé

Jean Bauduin, de Valenciennes, est un radiesthésiste qui obtint d'excellents résultats dans les cas de personnes disparues. Voici ce qu'il dit de l'un de ces cas :

« Un beau jour d'avril, un prêtre de Denain me demanda d'essayer de retrouver son oncle, disparu depuis une semaine. Il me remit pour tout matériel de base une photographie assez récente. Je ne connaissais ni le domicile, ni les circonstances de la disparition de la personne. Dès que la recherche commença, je détectai la présence du disparu dans la Scarpe, sous le pont d'Esquerchain, à Douai. On sonda la rivière à cet endroit. Un plongeur explora le fond, mais ne trouva pas la moindre trace du disparu. Quelques jours plus tard j'effectuai une nouvelle tentative de localisation et je retrouvai le même lieu, où l'on effectua de nouvelles recherches, sans résultat. Dix jours plus tard, le prêtre me téléphona pour me dire que l'on venait de retrouver le corps de son oncle sous le pont d'Esquerchain, à Douai. »

La bicyclette volée

Le docteur Rendu, radiesthésiste contesté, affirme que la recherche d'une automobile ou d'une bicyclette volée est bien plus difficile que celle d'un noyé. Mais un bon radiesthésiste doit pouvoir réussir dans cette tentative.

Nous en voulons pour preuve ce qui est arrivé à Jean Mozul, de l'Université de Poitiers. Ce jeune homme possédait une magnifique bicyclette et un soir, il rendit visite à son ami Barbot. Il laissa son « vélo » à la porte de la maison, et lorsqu'il sortit quelques instants après, le vélo avait disparu. Consterné, Jean demanda à son condisciple M. Moine qu'il localise sa précieuse bicyclette.

Le grand radiesthésiste déplia un plan détaillé de Poitiers et commença sa recherche. En quelques minutes il avait localisé la bicyclette volée dans une rue proche de la cathédrale. Immédiatement, Mozul organisa une expédition de récupération en compagnie de quelques condisciples. Une demi-heure plus tard, la bicyclette fut bien retrouvée à l'endroit indiqué par Moine, mais sans roues, ni feu.

Une opération à l'estomac

Voici la copie du document envoyé par le docteur Brian Garfield à l'éminent radiesthésiste Jean Auschar, sur le diagnostic effectué par ce dernier à l'aide de son pendule :

CENTRE PSYCHIATRIQUE DE SAINTE-ANNE
Consultation du chirurgien en chef 10 février 1950

À la suite de quelques expériences de radiesthésie graphique, réalisées par Jean Auscher et qui me paraissaient intéressantes, je lui demandai d'examiner l'estomac du patient F... que je m'apprétais d'opérer.

Le 24 janvier, Jean Auscher procéda à un premier examen. Selon la méthode de l'expérimentateur, l'oscillation du pendule était signe de normalité et la rotation plus ou moins prononcée, la preuve d'une anomalie. J'ai constaté que le pendule tournait violemment au-dessus de la région de l'estomac.

L'intervention eut lieu le 2 février et j'autorisai un nouvel examen quelques minutes avant. Les mouvements du pendule se produisirent sur la face antérieure de l'estomac ainsi qu'au niveau du pylore et du duodénum. Le pendule tournait avec plus de force sur la région du duodénum. Selon Auscher, il fallait écarter l'idée d'un ulcère simple localisé. Il émettait l'hypothèse d'un mal beaucoup plus grave et plus étendu qui dépassait les limites de l'estomac.

Je commençai ensuite l'intervention et je trouvai une tumeur cancéreuse très avancée. De plus, la vésicule, extrêmement enflée, d'un gris tirant sur le noir et prête à rompre, appuyait fortement sur le duodénum, à l'endroit indiqué par le pendule.

À la radiographie, le malade ne présentait pas plus qu'un ulcère localisé

DOCTEUR BRIAN-GARFIELD
chirurgien chef des asiles
expert près la cour d'appel de Paris.

Tendres ébats

Le célèbre Michel Moine atteignit la célébrité dès son plus jeune âge. On dit qu'un jour, après une grande fête, des voisins vinrent frapper chez lui et lui dirent :

– « Cher Michel, nous te serions très reconnaissants de retrouver la broche en or que notre fille Suzanne a perdu hier au bal. »

Naturellement, le jeune homme se mit à chercher l'objet dans la tente où avait eu lieu la fête, mais resta bredouille. Moine passa ensuite à un autre type de recherche et son pendule finit par le diriger vers un bois proche du village, où il retrouva le bijou. Fier de son triomphe, le radiesthésiste supposa que la belle Suzanne lui ferait toutes sortes de démonstrations d'amitié pour lui montrer sa reconnaissance..., mais c'est à peine si elle lui dit merci.

Il comprit ensuite que son intervention fut le début d'une tragédie familiale. Il se trouvait que le bois avait très mauvaise réputation dans la région, car c'était un lieu propice aux rencontres amoureuses. Qu'allait faire Suzanne dans ce lieu de perdition, pendant que ses parents la croyaient au bal ? Après un interrogatoire sévère, la belle fille finit par avouer ses tendres ébats avec un ami, d'où le drame.

Le trésor de Saint-Loup

Un autre souvenir mémorable de Michel Moine est celui du trésor de Saint-Loup. Un jour, l'un de ses condisciples de la faculté de Poitiers lui écrivit à Paris, sollicitant son aide. Une de ses anciennes patientes venait de mourir, laissant de l'avis de tous, un monceau de pièces d'or mises en lieu sûr. On avait fouillé le jardin et la maison de fond en comble sans rien trouver.

– « Pourrais-tu faire quelque chose pour aider cette famille dans ces circonstances délicates ? », lui écrivit son condisciple.

Moine demanda qu'on lui envoie un plan détaillé du lieu. Son pendule indiqua un endroit précis de la cave et la profondeur jusqu'à laquelle il fallait creuser. Par curiosité, il décida de participer en personne à la recherche. Dans leur ardeur, les héritiers avait transformé la cave en un véritable chantier. Tous étaient très déçus lorsque Moine leur dit :

– « Fouillez de nouveau cet endroit. »

Le radiesthésiste ne voulait pas en démordre et insistait pour que l'on creuse jusqu'à la profondeur qu'il avait déterminée. Pour donner l'exemple, il empoigna la pelle et la pioche. Soudain, on cogna contre un obstacle. On déterra une caisse rouillée. Moine était impatient de connaître son contenu. Il ressentait une telle émotion, comme s'il avait trouvé le trésor de Toutankhamon. Ils trouvèrent quatre cents pièces d'or. Pas mal, n'est-ce pas ?

– « On me laissa les admirer, raconte Moine. On me félicita et on me remercia mille fois. Et, comme souvenir, on m'offrit la malle en fer... vide ! »

Les dessins téléinfluents

Jean Martial, après plusieurs recherches sur les pyramides égyptiennes, parvint à des réussites incontestables avec de nombreux dessins radiesthésiques qu'il traçait et avec ceux qu'il appela « dessins téléinfluents ».

Comment est-il possible qu'un simple dessin puisse modifier la vie d'une personne ?

Dans son ouvrage *La Radiesthésie et les énergies inconnues*, Jean Martial décrit l'aventure de l'un de ses cobayes involontaires : « Une femme appartenant à une société de radiesthésistes dont je suis aussi membre me demanda de lui faire un dessin téléinfluent pour son fils de quinze ans qui se trouvait en pension dans un collège religieux des environs. Le jeune homme détestait les études. Il était distrait et cela lui valait de constantes réprimandes de la part de ses maîtres. Ses bulletins mensuels étaient déplorables. Et particulièrement son orthographe était nulle. Ses notes oscillaient entre 1 et 3 parce que son professeur répugnait à mettre un zéro. Les lettres qu'il écrivait de temps à autre à sa mère étaient de véritables désastres quant à la présentation, la calligraphie et naturellement, l'orthographe. »

Je traçai un dessin téléinfluent et le mit « en charge » sur la photographie du jeune garçon. La semaine suivante, la mère me raconta ceci : son garçon avait passé la fin de semaine à la maison et dit à sa mère :

– « Je ne sais pas ce qui m'a pris mardi dernier... Toute la journée j'ai été pris d'un mal de tête violent. Je me sentais extrêmement déprimé et il s'en est fallu de peu que je ne m'échappe du collège. Le jour suivant, je me sentais mieux, et depuis ce moment là, je me sens très bien en classe. »

Il est évident que le jeune garçon était totalement inconscient de l'action « téléinfluente » que j'avais exercée sur lui. Par la suite, à plusieurs reprises, la mère me montra avec fierté des lettres de son fils, écrites avec application et une orthographe qui, sans être parfaite, était néanmoins très supérieure à celle qu'il avait avant de recevoir l'influence bénéfique des dessins. »

Les découvertes de l'ingénieur Mertens

On compte par milliers les découvertes du célèbre ingénieur belge Mertens (vols, assassinats, gisements minéraux, trésors, etc.). Ce qui surprend dans ce cas est que la plus grande partie des résultats furent obtenus sans qu'il sorte de chez lui. Il procédait aux recherches sur des croquis, des plans et des cartes. Voyons quelques-unes des découvertes auxquelles il fait référence lui-même.

La couche d'argile. Au début de l'année 1943, Me Antoine della Faille, avocat au tribunal de Bruxelles demanda à monsieur Mertens de l'accompagner à l'une de ses propriétés à Bois-Seigneur-Isaac où l'eau manquait cruellement. À la fin de son exploration, le radiesthésiste déclara :

– « Dans ce lieu, il y a de l'eau potable en abondance en creusant à la profondeur de 11,50 mètres, à condition d'y rajouter l'épaisseur de la couche d'argile que l'on trouvera. »

Dans une lettre datée du 22 mars 1943, monsieur della Faille lui envoie ses remerciements :

« *Cher Monsieur Mertens, j'ai le plaisir de vous annoncer que nous avons terminé le forage du puits. Nous avons trouvé de l'eau, mais à une profondeur bien plus grande que celle indiquée.*

L'eau se trouvait à 17,50 mètres de profondeur, alors que vous l'estimiez à 11,50 mètres... Il faut dire qu'il y avait une couche d'argile de 5,50 mètres. La source est abondante. Félicitation pour votre réussite. »

Les influences nocives. Opérant comme téléradiesthésiste, Mertens a remporté de nombreuses luttes contre les émanations toxiques. Celle que nous décrivons ici se fit à partir de la représentation grossière d'une propriété.

« *4 juillet 1940.*

Monsieur Mertens, je considère de mon devoir de vous annoncer que les résultats obtenus à la suite de vos conseils sont merveilleux.

En retournant chez moi après notre entretien, je me suis immédiatement procuré de l'huile minérale, du soufre et du charbon de bois que j'ai mis à la cave, sur le rayon d'ondes nocives que vous avez découvert et qui passait dans ma chambre, exactement à l'endroit de mon lit.

Le résultat obtenu est incroyable : en quelques jours, j'en ai fini avec les terribles crises d'asthme qui me faisaient tant souffrir depuis si longtemps et que les médecins ne parvenaient pas à guérir. Maintenant, je dors parfaitement.

J'ajouterai ce détail pour faire la preuve de l'excellence de vos remèdes : chaque quinzaine, le jour de la lessive, je fais retirer les bidons d'huile. Ayant oublié de les y remettre par deux fois, je me suis de nouveau senti oppressé pendant la nuit.

Après cela, je n'ai plus aucun doute, et je veux témoigner pour qu'un jour tout le monde reconnaisse les bienfaits de la radiesthésie. »

Signé : F. Sizaire, de Bruxelles

La sélection mentale. Voici ce que peut faire la sélection mentale sur la téléradiesthésie. À la fin d'une session au Cercle des études radiesthésiques de Bruxelles, le comte José de Briey demanda à monsieur Mertens qu'il cherche le lieu où se trouvait une personne dont il n'avait que deux mots écrits sur un papier.

Le travail devant témoins est particulièrement difficile et n'est pas recommandé pour les radiesthésistes qui n'ont pas assez d'expérience. Pour limiter la durée de sa recherche, Mertens demanda au comte de lui indiquer le pays de résidence de la personne.
– « En France » lui répondit-il.

Le célèbre radiesthésiste régla son pendule au-dessus de quelques lettres et, ne disposant pas de carte, il explora de la main droite une carte qu'il imaginait mentalement. En l'espace de quelques minutes, il parvint à indiquer que la personne vivait à proximité de Juan-Les-Pins, ce qui se révéla vrai par la suite.

Le kleptomane. À diverses reprises, Mertens a pu retrouver les auteurs de lettres anonymes. En voici un exemple :
Un jour, on lui soumit, écrit sur un morceau de carton, le nom de baptême d'une femme.

Il régla le pendule, demanda qui avait donné le carton :
– « Est-ce un familier ? »
– « Non. »
– « Alors, je peux dire la vérité ? »
– « Oui. »
– « La personne en question est une kleptomane. » À quoi lui répondit son interlocuteur :
– « Oui. Il s'agit d'une bonne qu'on a renvoyé pour vol. »

Le jeune fusillé. Pendant la guerre civile d'Espagne (1936-39), une femme soumit à Mertens la photographie d'un jeune homme disparu, sans lui dire qu'il s'était engagé en Espagne. Immédiatement, le pendule révéla qu'il était mort. Mais, au même instant, l'opérateur sentit une brûlure au-dessus de l'œil droit. Cela le conduisit à dire :
– « Ce jeune homme n'est plus, il a été fusillé. » Une vision interne avait accompagné le geste de Mertens qui porta la main à son œil. Dans ce cas, il s'agissait d'un phénomène double de psychométrie et de clairvoyance.

Des phénomènes étranges. Une autre fois, on montra à Mertens la photographie d'un jeune garçon et on lui dit :
– « On l'a vu vivant vers Bruxelles. » À l'examen de la photographie à l'aide du pendule, Mertens dit au père :
– « J'ai peur que votre enfant ne se soit noyé. Il a pris un chemin très sinueux avec sa bicyclette. » Quelques heures plus tard, on vérifia la véracité de cette déclaration. De plus, par téléradiesthésie, l'opérateur put déterminer que le corps du noyé se trouvait à Termonde, dans le canal de la Dendre. En effet, quelques jours plus tard, on y retrouva le corps du jeune. Ici se conjuguent les phénomènes de psychométrie, double vision et téléradiesthésie, tous phénomènes de cryptesthésie et de télesthésie.

Les radiesthésistes célèbres

Cette liste des plus célèbres radiesthésistes est loin d'être complète, mais une énumération exhaustive risquerait d'être interminable.

ABEL, Martin

Radiesthésiste français, auteur de *Diagnostic radiesthésique et médecine vétérinaire*. Depuis lors, la méthode est utilisée par presque tous les radiesthésistes ruraux et rend d'excellents services. Elles se pratique de la même façon que la radiesthésie médicale humaine.

ANDRÉ, Fernand

Professeur français, membre du Cercle de radiesthésie scientifique de Charleroi, qui, avec monsieur Discry, se spécialisa dans la radiesthésie agricole. Il a démontré qu'on pouvait soigner les arbres en les entourant de spires soigneusement disposées (pour attirer les ondes).

AUSCHER, Jean

Fameux radiesthésiste français qui a dernièrement obtenu des résultats extraordinaires confirmés par des scientifiques. Son « scripto-pendule » lui permet d'enregistrer graphiquement les mouvements pendulaires. Il a publié une large enquête sur la valeur de télédiagnostics médicaux obtenus par l'intermédiaire du pendule.

AYMAR, Jacques

Ce riche paysan du Dauphiné avait la réputation d'être le meilleur sourcier de son époque. Il a rendu d'excellents services à la Justice du roi.

Ses réussites surprenantes ont renforcé l'intérêt porté par les savants aux phénomènes radiesthésiques.

BARADAT

Radiesthésiste marocain connu, professeur au lycée de Casablanca et président du Cercle radiesthésiste de cette ville. Il a découvert ce qu'il nomme un « plan de vibration individuel », radiation profonde que possède tout être.

BAYARD, abbé

Prêtre du nord de la France, très versé dans l'art de la magie. Professeur à l'université catholique de Lille. Avec le célèbre abbé Bouly, il a créé le terme de « radiesthésie ».

BEAUSOLEIL, baron de

Jean du Châtelet, baron de Beausoleil et d'Auffenbach, et son épouse, Martine de Bertereau, se sont brillamment illustrés dans la recherche minéralogique et minière au début du XVIIe siècle. S'aidant d'un matériel radiesthésique compliqué, ils découvrirent de nombreuses sources souterraines, des mines de métaux précieux divers, de fer, de plomb argentifère, de rubis, de turquoises, d'opales, mais aussi de charbon, de soufre, etc.

Les soupçonnant de magie et de sorcellerie, Richelieu les fit emprisonner et ils finirent ainsi leurs jours misérablement enfermés.

BELIZAL

Cet éminent radiesthésiste, avec ses amis Bovis, Bondy et Martial, remarqua que certains matériaux, formes et couleurs, utilisés à des fins déterminées, peuvent exercer une action réelle. Ils émettent ce qu'ils appellent des « ondes de forme ». Il s'agit, en général, de constructions géométriques et de dessins qui ont la propriété de définir certaines influences (les ondes de forme), capables d'agir sur les êtres et les objets. Suivant les indications de son pendule, Bovis reproduisit au millième la pyramide de Chéops en lui donnant la même orientation. Belizal et Bondy, pour leur part, ont fait connaître la célèbre pile radiesthésique.

BEYER, Paul

En 1913, ce fameux docteur fonda en Allemagne l'Union internationale des sourciers.

Bleton, Barthélémy

Médium extraordinaire, il employa des méthodes surprenantes. Il eut la révélation de ses facultés par hasard à l'âge de sept ans. Il pouvait se passer de la baguette. Sur demande de Marie-Antoinette, il découvrit des sources abondantes qui permirent d'alimenter le Trianon.

Bouly, abbé Alexis

Prêtre d'une petite paroisse de bord de mer dans le Pas-de-Calais, fameux sourcier, il est considéré comme le premier radiesthésiste du monde. Avec son ami l'abbé Bayard, il créa le terme de « radiesthésie ».

Bourdoux, le père

Ancien missionnaire du Matto Grosso (Brésil), auteur de *Notions pratiques de radiesthésie pour missionnaires*. Il édicta des normes pour utiliser le pendule correctement.

Brochemin

Radiesthésiste français du début du siècle qui utilisait les rayons fondamentaux pour le diagnostic et la thérapeutique (rayons fondamentaux des organes et des médicaments). Il employait, en association, le procédé des séries du père Mermet.

Chevreul

Célèbre chimiste français qui fit un recueil de ses études et expériences intitulé *De la baguette divinatoire, du pendule explorateur et des tables qui tournent*. Ses premières conclusions penchaient en faveur du pendule, jusqu'au jour où il eu l'idée de se bander les yeux pour faire ses expériences, ce qui le conduisit au plus grand des échecs.

Christophe, Émile

Fameux radiesthésiste français, auteur de l'*Apologie du sourcier* et de *Tu seras sourcier*. On lui doit aussi le terme « téléradiesthésie ». Il se consacra à la divulgation de cette technique dans sa revue *La prospection à distance*.

Cody, A.

Cet ingénieur français fit une étude des lieux où les sourciers prétendaient détecter des « ondes nocives ». Il découvrit qu'un phénomène de ionisation indiquait la présence de radon, gaz radioactif naturel. Il vérifia aussi les effets pathologiques des ondes nocives sur les êtres humains, essayant de localiser grâce à un électromètre les zones où l'intensité de ionisation est particulièrement forte. Dans la plupart des cas, celles-ci coïncident avec les zones indiquées par les radiesthésistes.

CROISET, Gérard

Devin hollandais surprenant. On le cite comme l'une des seules personnes au monde capable de voir un présent invisible, mais aussi le passé et le futur. Sa clairvoyance contribua à résoudre des cas ahurissants.

DANNERT, Hans

Radiesthésiste sud-africain. Propriétaire industriel il se décida à étudier les influences souterraines, reconnaissant que certaines zones étaient biologiquement actives avec effets particulièrement stimulants sur des expériences magiques. Il approfondit ce phénomène sur des critères scientifiques et avec l'idée de préserver l'homme des influences nocives du sol. Ses recherches furent poursuivies par le docteur Jenny de Aquisgran.

DERENNE LA MAZIÈRE

Médecin à Liège, secrétaire perpétuel de l'académie des Sciences radiesthésiques de Belgique, il édita une œuvre intitulée *Radiesthésie médicale* dans laquelle il pose les principes de la radiesthésie médicale et des traitements pendulaires.

DESSART

Avocat, il définit, au Congrès de radiesthésie réuni à Liège en 1939, les droits et les devoirs du radiesthésiste en respect de la loi.

DISCRY, Georges

Auteur de *La science des sourciers à la portée de tous*. Dans sa célèbre propriété « Oasis », à Houssonloge, plantée d'arbres et de fleurs, il pratiquait la radiesthésie agricole. Pour les diagnostics médicaux, il utilisait de préférence l'étude de la colonne vertébrale.

FOVEAU DE COURMELLES

Médecin licencié en physique, sciences naturelles et Droit. Il fut un extraordinaire radiesthésiste. Il présida pendant un temps l'Association des médecins radiesthésistes de Paris.

FRANCE, Henry de

Ce fameux vicomte, surnommé « l'aristocrate de la radiesthésie », était un sourcier hors pair. Il écrivit de nombreux ouvrages : *Souvenir d'un sourcier, Radiesthésie agricole*, et surtout, *Le sourcier moderne*, véritable synthèse, à l'époque, des procédés utilisés par les radiesthésistes anciens et modernes. En 1930, Henry de France fondait la première revue mensuelle consacrée à la radiesthésie : *La chronique des sourciers*. On lui doit divers perfectionnements dans l'utilisation de la baguette et du pendule. Pendant plusieurs années, il présida l'Association des amis de la radiesthésie, ainsi que quatre congrès internationaux.

GERBOIN, Antoine

Professeur à la faculté de médecine de Strasbourg, il observa qu'il « existe chez l'homme une force particulière ». En 1798, il réalisa de multiples expériences avec le pendule. Il en conclut que ce dernier remplacerait la baguette. Il écrivit *Recherches expérimentales sur un nouveau mode de l'action électrique*.

HURKOS, Peter

Voyant hollandais extraordinaire qui a réalisé un nombre de découvertes impressionnant dans les enquêtes policiaires et la recherche de délinquants. Comme son compatriote Croiset, il jouit d'une réputation mondiale.

LAGRANGE, Suzanne

Voyante belge. On admire les informations qu'elle donnait pour leur exactitude. Douée d'une hyperesthésie extraordinaire, elle commettait rarement d'erreurs. La clairvoyance de cette femme était réellement impressionnante. C'est l'une des personnes les plus douées.

LAKHOWSKY, Georges

Physicien et radiesthésiste célèbre, il construisit des « circuits oscillants » afin de capter des forces cosmiques et telluriques qui pouvaient agir sur les êtres humains et les végétaux. Selon lui, chaque cellule vivante possède tous les éléments d'un circuit ouvert en oscillation à très haute fréquence. L'équilibre oscillatoire équivaut à un bon état de santé, tandis qu'un déséquilibre provoque la maladie. Partant de cette hypothèse, Lakhowsky réalisa de nombreuses expériences couronnées de succès.

LARVARON, Camille

Médecin, il se consacra à l'étude des « ondes nocives » et de leurs effets. D'autres expérimentateurs – Gody, Chijewski, Loir, Dannert... – ont démontré scientifiquement l'existence de ces ondes si dangereuses pour les êtres vivants.

LEPRINCE, A.

Fameux médecin qui créa une méthode basée sur les rayons lumineux de couleur et leur syntonie de vibrations en harmonie avec tel ou tel organe. S'il y a disharmonie, reconnaissable par le changement de mouvement du pendule, l'organe est touché.

LESOURD

Pharmacien français et grand radiesthésiste qui prit pour base de sa méthode le champ magnétique entourant chaque personne. En cas de maladie, ce champ est perturbé dans des conditions précises, selon la nature du mal. Dans son livre *Vie-Maladies-Radiations*, il écrit que tout être humain possède un champ magnétique de défense dont l'action peut se faire sentir jusqu'à huit mètres autour de la personne. La polarité en varie suivant les lieux. Il a établi une échelle des maladies et des longueurs de champ.

MARTIAL, Jean

À la suite des recherches de Bovis, il entreprit une série d'essais concluants sur la pyramide et les ondes de forme. Il est l'auteur de *La radiesthésie et les énergies inconnues*. S'inspirant des travaux des radiesthésistes Mellin, Turenne et Belizal, il créa les célèbres « dessins téléinfluents » grâce auxquels il parvint à des succès incontestables.

MELLIN

Éminent radiesthésiste qui a approfondi la chromoradiesthésie.

MERCIER, Cardinal

Primat de Belgique, archevêque de Malines, directeur et professeur de philosophie à l'université catholique de Louvain. Grand radiesthésiste et auteur, entre autres ouvrages, d'un *Cours de Philosophie.*

MERMET, Alexis

Fils et neveu des fameux sourciers de Savoie. Tout jeune, il s'initia à la radiesthésie. Il prit les ordres en 1890. Curé de diverses paroisses, il passa la fin de ses jours à Jussy, bourgade proche de Genève. Ses connaissances multiples et l'importance de ses réussites incontestables en matière de radiesthésie lui valurent le titre de « prince des sourciers ». Il avait une réputation mondiale et grâce à son art mystérieux, il sut intéresser la science officielle. Ses recherches sur le terrain atteignaient une précision extraordinaire. Il fut parmi les premiers à pratiquer la radiesthésie avec d'excellents résultats. Pionnier de cette discipline, il est considéré comme l'un des meilleurs que l'histoire ait connue. Son livre *Comment j'opère* a été vendu par millions d'exemplaires et traduit en plusieurs langues. À travers toute l'Europe, on l'appelait pour chercher de l'eau, du pétrole, du fer, du charbon, des trésors, des disparus...

MERTENS, Victor

Ingénieur belge et éminent radiesthésiste de renommée mondiale. Président de la Fédération belgo-luxembourgeoise des associations de radiesthésie. Par son fameux ouvrage *Radiesthésie et téléradiesthésie*, traduit en plusieurs langues, où il expose sa façon de travailler, il contribue à propager à travers le monde cet art-science si passionnant. Mertens a réalisé des découvertes sensationnelles de tous genres.

MOROGUES, baron de

En 1854, ce célèbre radiesthésiste exposa sa théorie sur les radiations émises par le corps et leur influence dans son ouvrage : *Les observations sur les mouvements des baguettes et des pendules.* La rhabdomancie se rapprocha ainsi de la radiesthésie moderne.

Racineux, abbé

Curé dé la paroisse de Pornic, il fut disciple du père Mermet et pratiqua la radiesthésie avec succès. En mai 1919, son collègue et maître lui envoie de Suisse une lettre contenant tant de révélations téléradiesthésiques que Racineux, surpris, crut que son ami avait passé un pacte avec le diable.

Regnault, docteur

Médecin à Toulon, il conçut des baguettes à manche creux comprenant deux compartiments. Cela permettait d'introduire dans l'un deux un témoin et dans l'autre un compensateur pour équilibrer le témoin.

Schott, Gaspard

En 1657, ce père jésuite, grand amateur de radiesthésie, fut le premier à propager l'utilisation des « témoins », car les sourciers du XVIIe siècle les employaient dans le plus grand secret.

Treive, Joseph

Ses dons de radiesthésiste firent surface de manière naturelle. Établi dans la région de Moulins, il devint rapidement l'un des meilleurs téléradiesthésistes de l'époque. Il obtint toujours d'excellents résultats. En 1935, il totalisait un nombre ahurissant de réussites : sur 850 points d'eau souterrains localisés, il ne se trompa qu'une seule fois.

Tristan, comte de

En 1820, il rompit avec la tradition et employa pour la première fois une baguette en fanon de baleine qu'il baptisa *fourcelle*. D'autres disent que ce terme à été inventé par le docteur Thouvenel.

Glossaire

Les radiesthésistes, comme tous les spécialistes, ont leur propre langage. Ils utilisent souvent des termes communs à d'autres disciplines, mais dans un sens très différent et particulier à la radiesthésie. Le glossaire qui suit contribuera à la compréhension du livre.

Accord : deux ondes de même longueur et de même amplitude.

Appareil de Schlumberger : contrôle les modifications qui se produisent dans le champ magnétique local lorsqu'il y a en sous-sol un cours d'eau peu profond. Utilise comme forme de mesure la conduction électrique, étudiant les différences de potentiel provoquées dans le sol par le passage d'un cours d'eau.

Appareil de Wust et Wendler : s'utilise pour mesurer les variations du champ électrique de l'atmosphère proche du sol affecté par les cours d'eau souterrains peu profonds. Consiste en un appareil à aimant qui donne des mesures d'angle grâce à un angle droit et une boussole.

Autosuggestion : suggestion consciente ou inconsciente exercée sur soi-même dont l'influence peut être bonne ou mauvaise. Un radiesthésiste, dominé par une idée préconçue quant au résultat de son enquête, sera sujet aux erreurs, car ses réactions (mouvement de la baguette et du pendule) peuvent être causées per l'autosuggestion.

Azimut : direction ou déviation du rayon fondamental ou rayon principal par rapport au plan magnétique nord-sud.

Balance de Eotvos : appareil automatique qui s'utilise en prospection très concrète (eau, poches pétrolifères, gisements miniers...) pour signaler les variations magnétiques à la surface du sol. Son fonctionnement est fondé sur le principe de Newton. Avant la présence d'une masse perturbée, la balance signale immédiatement une variation.

Champ : étendue sur laquelle une force fait sentir ses effets.

Champ électrique : espace limité dans lequel se produisent des phénomènes électriques. Cet espace peut être modifié dans ses lignes de force par l'introduction d'un corps étranger.

Champ magnétique : espace dans lequel se produisent des actions magnétiques. Un aimant peut s'orienter à l'intérieur d'un champ magnétique. La protection contre un champ magnétique peut se réaliser par le biais d'un bouclier de métal très épais et imperméable.

Champ radiesthésique : région au-dessus de la surface terrestre qui entoure un corps ou une masse et qui laisse sentir ses effets sur la baguette ou le pendule entre les mains d'une personne sensible lorsqu'on explore un terrain. On l'appelle aussi *champ d'influence.*

Clairvoyance : capacité de certains « sensitifs » de recevoir des informations extrasensorielles sur des faits objectifs, sans qu'il y ait transmission de pensée. Cette faculté est essentielle en téléradiesthésie. La voyance permet d'avoir connaissance du passé, du présent, de l'avenir sans l'aide des sens habituels ni du rationalisme.

Convention mentale : code volontairement exprimé par la pensée avant chaque prospection pour l'interprétation des mouvements de la baguette ou du pendule.

Effluve : terme générique pour désigner les émanations supposées d'énergie ou de matière qui proviennent des êtres ou des choses.

Électromagnétisme : magnétisme et électricité, phénomènes réciproques et combinés.

Électromètre : avec l'électromètre de Elster et Geitel, on mesure les variations que les cours d'eau souterrains peu profonds provoquent dans le champ électrique atmosphérique se formant au contact du sol.

Fourcelle : mot créé au siècle dernier qui signifie « fourche ». En réalité, la fourcelle n'est autre que la baguette fourchue du sourcier.

Idéoplastie : action consciente ou inconsciente de l'esprit qui provoque des effets dynamiques ou des matérialisations sur soi-même, sur un autre ou sur le monde extérieur.

Image radiesthésique : image magnétique. Reflet magnétique. Reproduit toutes les caractéristiques de l'objet dont il est le reflet.

Imprégnation : du même ordre que la rémanence, elle implique l'idée d'un contact moins prolongé. Un être ou un objet, après avoir vécu en un lieu précis, imprègne ce dernier d'ondes, de radiations ou d'émanations, ce qui permettra au radiesthésiste de reconstituer certains événements.

Ligne de force : ligne de force unidirectionnelle vers laquelle se dirige une force physique.

Longueur d'onde : distance qui sépare deux concordances de mouvement. Échelle des valeurs vibratoires se mesurant en valeur relative. Pour les radiesthésistes adeptes de la méthode « psychique », il s'agit d'une échelle de valeurs conventionnelles qui concernent les êtres et les choses (sans avoir rien en commun avec la longueur d'onde qu'on utilise dans le terrain de la science).

Magnétisme : propriété des aimants.

Magnétisme animal : champs fluides qui entourent l'être vivant.

Onde : émanation immatérielle provenant des êtres et des choses qui permettent leur identification. Cette conception est celle des radiesthésistes physiques et elle n'a rien de commun avec la définition donnée par la science officielle.

Onde de forme : cette onde, selon certaines expériences, est provoquée par des formes géométriques linéaires ou en relief. Son influence peut être dangereuse.

Onde horizontale : partie magnétique de l'onde électromagnétique de direction horizontale.

Onde nocive : émanation nocive provenant du sous-sol ou de tout autre lieu contaminé et qui provoque un déséquilibre vibratoire (définition radiesthésique). Les ondes nocives provoquent habituellement de très graves maladies. Il est malsain, dangereux même, de dormir dans des lits situés en zones d'émanation d'ondes nocives.

Onde porteuse : onde qui sert de support à une onde secondaire (chemin de moindre résistance pour cette dernière).

Onde verticale : partie électrique de l'onde électromagnétique de direction verticale, accompagnée de rayons gamma.

Pendule Holweck-Lejay : est composé d'une baguette verticale de quartz isolé qui peut signaler les variations de gravité au-dessus de poches pétrolifères, de cours d'eau ou de masses métalliques.

Perception extrasensorielle : synonyme de clairvoyance et de métagnomie.

Plan de vibration individuel : nombre qui désigne le rayon fondamental de l'être vivant, humain ou animal, invariable pour un individu déterminé.

Point d'appel : situé en dessous de la ligature de la baguette, à la naissance de l'angle intérieur.

Radiation : en radiesthésie, ce terme signifie que les êtres ou les choses émettent certains rayons immatériels et spécifiques. Ensemble d'un désordre communiquant certains phénomènes dans l'atmosphère.

Radiesthésie : terme forgé en 1919 par l'abbé Bouly pour désigner l'art-science de capter, par la sensibilité, directement ou au moyen d'appareils amplificateurs, comme la baguette et le pendule, les émanations des corps organiques et inorganiques.

Radiesthésie mentale ou psychique : théorie radiesthésique basée sur la suprématie du mental dans toutes les prospections.

Radiesthésie physique : théorie selon laquelle la radiesthésie capte les ondes ou les radiations grâce à des instruments appropriés.

Radiesthésiste : personne dont la mission consiste à chercher les eaux souterraines et tout ce qui est occulte pour les facultés normales, mais qui a une existence réelle. Ce terme était assimilé à celui de sourcier.

Radiobiologie : nom donné par le docteur Régnault et par M. Larvaron aux recherches d'anomalies et de maladies du corps humain ou animal par des procédés radiesthésiques.

Radiotellurie : terme créé en 1921 par les docteurs Moineau et Régnault et par M. Larvaron. Désigne la recherche, par sensorialité, des eaux souterraines, des métaux et des minéraux.

Rayon : une direction quelconque dans laquelle se dirige un mouvement radiesthésique.

Rayon fondamental : rayon qui forme avec le plan magnétique nord-sud un angle invariable pour un corps donné.

Rayon mental : le rayon qui unit l'objet étudié au sujet expérimentateur ou à toute autre personne.

Rayon solaire ou lumineux : rayon qui unit le soleil ou toute autre source lumineuse et l'objet à étudier.

Rémanence : trace laissée par le contact prolongé ou par le passage d'un corps et qui donne toutes les caractéristiques de celui-ci.

Résonance : vibrations en augmentation au même rythme.

Rhabdomancie : nom que reçut l'art de sourcier avant de s'appeler « radiesthésie ». Étymologiquement, rhabdomancie signifie divination par la baguette (du grec *rhabdos*, baguette et *manteia*, divination).

Saute de la baguette : distension de la baguette dont l'extrémité (la pointe) se dirige vers le haut (saute positive) ou vers le bas (saute négative).

Série : nombre de rotations et d'oscillations du pendule ou de la baguette dans le même sens et toujours en quantité identique pour un même corps.

Syntonie : accord. Accord parfait. Harmonie complète.

Téléradiesthésie : radiesthésie à distance. Terme forgé par Émile Christophe.

Témoin : corps de nature identique ou porteur des émanations semblables à celle que l'on cherche. Par extension, tout mot, symbole, objet pouvant aider le radiesthésiste dans ses recherches.

Zone d'action : champ où se réalisent les recherches radiesthésiques.

Table des matières

Introduction 7

Qu'est-ce que la radiesthésie ? 9
Histoire de la radiesthésie 10
Sorciers et sourciers 12
Les fondements de la radiesthésie 13
La radiesthésie sensorielle 15

Comment pratiquer la radiesthésie ? 19
Les instruments du radiesthésiste 20
Comment utiliser la baguette ? 21
– Quelques conseils pratiques 22
Le pendule 23
– Comment fabriquer un pendule ou une baguette ? 24
Le « témoin » 26
Les appareils traditionnels 27

Qui peut être radiesthésiste ? 29
Patience et persévérance 30
Quelques exercices de radiesthésie 31
– Premier exercice 32
– Deuxième exercice 33
– Troisième exercice 33
Sachez observer avant d'interpréter 34
Les baguettes et les pendules des grands radiesthésistes 35
Quelques recommandations avant d'opérer 37
La loi de l'inconscient 38

La caisse de sable ... 41
Un travail difficile ... 42
Déterminer la profondeur d'un objet ... 43
Identifier la nature d'un objet caché ... 44
D'autres exercices importants ... 44
Quelques recommandations pour les aspirants radiesthésistes ... 45
La mémoire subconsciente ... 46
Trouver un objet caché par un tiers ... 47
La preuve des verres d'eau ... 48

Comment trouver des sources et des veines d'eau ? ... 51
Le pendule apporte la précision ... 52
Déterminer la profondeur ... 53
– Comment évaluer la profondeur d'un puits ? ... 54
– Comment connaître une profondeur inconnue ? ... 54
– Comment s'assurer que l'eau est potable ? ... 55
– La prospection des eaux thermales ... 56
Comment connaître le débit d'une eau souterraine ? ... 57
Les images magnétiques ... 58

Les prospections minières ... 59
Des trésors occultes ... 60
Les cavités, les galeries souterraines, les failles et les grottes ... 61
La recherche des disparus ... 62
Les mystérieuses ondes nocives ... 62
– Comment se protéger des ondes nocives ? ... 63
La radiesthésie agricole ... 64
Diagnostiquer les maladies ... 65
La radiesthésie médicale ... 66
– La méthode de l'abbé Mermet ... 67
La médecine vétérinaire radiesthésique ... 69

La chromoradiesthésie ... 71
La polarité radiesthésique ... 72
Les effets des rayons de couleur ... 73
La recherche d'un essaim ... 74
– La découverte de l'essaim ... 75
La prospection archéologique ... 75

Qu'est-ce que la téléradiesthésie ? ... 77
Les conditions du succès ... 78

La sélection mentale ... 80
Quelques expériences de téléradiesthésie ... 81
Les possibilités de la téléradiesthésie ... 81
La pratique téléradiesthésique et les précautions à prendre ... 83
Quelques exercices téléradiesthésiques ... 84

Les exercices recommandés ... 87
Comment repérer un objet occulté ? ... 87
Comment déterminer la profondeur de l'objet ? ... 88
La sélection mentale ... 90
Comment dessiner à distance les contours d'un objet caché ? ... 91
Comment s'effectue le travail mental sans témoin ? ... 92
La recherche des disparus ... 92
Comment repérer des grottes, des cavités et des vides ? ... 93
Comment chercher les émanations nocives ? ... 94
Un objet occulté dans le jardin ... 94
Des objets cachés dans une chambre ... 94
Comment procéder à une investigation sur une carte ? ... 94
Exercice récapitulatif ... 95

La recherche sur plan ... 97
La rapidité des réflexes ... 97
La recherche de personnes disparues ... 98
Comment repérer des cavités, des grottes, des caves, etc. ? ... 98
Des cas spécifiques ... 99
– La recherche d'une médication ... 99
– Comment évaluer la vitalité ? ... 99
– Les migraines ... 100
– Les troubles du cerveau ... 100
– Les imprégnations ... 100
Comment conduire les recherches sur photographie et sur planche anatomique ? ... 101
– L'état de vie ou de mort d'une personne ... 101
– Les blessures et anomalies ... 101
L'étude des tempéraments, des caractères, des facultés ... 102
Le diagnostic des défauts physiques et moraux ... 104
Les erreurs en téléradiesthésie ... 104
– Quelques recommandations ... 105
La prédiction de l'avenir ... 105

La radiesthésie et la téléradiesthésie dans la vie ... 107

Les prévisions météorologiques ... 108
La psychoradiesthésie ... 108
La métapsychique ... 110
Une clairvoyance merveilleuse ... 111
– Une belle expérience ... 112
L'erreur est humaine ... 113
Ainsi s'écrit l'histoire ... 115
Une importante mission ... 116

Les découvertes célèbres ... 117
Les Beausoleil et leur drame ... 117
Le fameux Aymar ... 117
Sourcier à l'âge de sept ans ... 118
Une réussite sans précédent ... 119
L'émerveillement de l'abbé Carrié ... 119
Un pacte avec Satan ... 120
Le premier radiesthésiste au monde ... 121
La montre de Lindberg ... 122
La piste du noyé ... 123
La bicyclette volée ... 123
Une opération à l'estomac ... 124
Tendres ébats ... 125
Le trésor de Saint-Loup ... 125
Les dessins téléinfluents ... 126
Les découvertes de l'ingénieur Mertens ... 127

Les radiesthésistes célèbres ... 131

Glossaire ... 139

Composition Nord Compo
Impression Bussière, janvier 2006.
N° d'éditeur : 9439. – N° d'impression : 060093/4.
Dépôt légal : janvier 2006.
Imprimé en France.

RADIESTHÉSIE

CODE